C.H.BECK ■ **WISSEN**

in der Beck'schen Reihe

W0052643

Der Vatikan ist der kleinste Staat der Welt – und der geheimnis-
vollste. Viele Besucher gelangen zwar in die Vatikanischen Museen und Gärten. Aber was sich nur ein paar Türen weiter in
den Schaltzentralen des Zwergstaates und der katholischen
Weltkirche abspielt, ist auch für den Fachmann nicht immer
leicht durchschaubar. Der Vatikanexperte Fabrizio Rossi erklärt in diesem Buch allgemeinverständlich die politische Organisation des Vatikans mit ihren verschiedenen Kongregationen
und Gerichtshöfen und beschreibt anschaulich, wie Päpste gewählt, Karrieren gebastelt, Kardinäle besoldet und Verstorbene
heiliggesprochen werden. Er informiert über das heikle Thema
der Vatikanfinanzen, über kulturelle und wissenschaftliche Einrichtungen wie Museen und Gärten, Archive und Bibliotheken
sowie über die päpstlichen Medien von der Zeitung bis zum
Internet. Dabei richtet sich der Blick immer auch auf die lange
Geschichte des Vatikans und die Frage, wie diese Institution seit
Jahrhunderten funktioniert.

Fabrizio Rossi lehrt als Professor Kirchengeschichte und europäische Geschichte an einer römischen Privatuniversität.

Fabrizio Rossi

DER VATIKAN

Politik und Organisation

Verlag C. H. Beck

Mit einer Karte und 5 Abbildungen

Originalausgabe
© Verlag C.H.Beck oHG, München 2004
Satz: Fotosatz Amann, Aichstetten
Druck und Bindung: Druckerei C.H.Beck, Nördlingen
Umschlagmotiv: Die päpstlichen Insignien:
die Tiara und die gekreuzten Schlüssel Petri
Umschlagentwurf: Uwe Göbel, München
Printed in Germany
ISBN 3 406 51483 9

www.beck.de

Inhalt

I. Was ist der Vatikan?

Der Vatikan als päpstlicher Nebenschauplatz

Die Antwort auf die Frage nach dem Begriff «Vatikan» wird für die meisten überraschend ausfallen: Der Vatikan ist schlicht ein Tuffsteinhügel außerhalb des antiken Roms, der nach drei Himmelsrichtungen steil abfällt. Dieser eigentlich ernüchternden Definition entspricht auch die historische Analyse des Ortes; denn zum Sitz des Papsttums und der Kurialverwaltung wurde der Vatikan erst nach der Rückkehr der Päpste aus dem Exil in Avignon (1309–1377). Nun begann der Aus- und Aufbau einer repräsentativen Residenz, die ganz im Geist antik-römischer Traditionen stand und die die weltliche Macht des Papsttums verherrlichen sollte. Leitgedanke für diesen Ortswechsel war die Nähe zum Grab des Apostelfürsten Petrus, dessen Nachfolge das Papsttum nun noch sinnfälliger für sich reklamieren konnte: Die Inschrift in der Peterskuppel bringt das für alle sichtbar zum Ausdruck: TU ES PETRUS, ET SUPER HANC PETRAM AEDIFICABO ECCLESIAM MEAM, «Du bist Petrus, und auf diesen Felsen will ich meine Kirche bauen» (Mt 16,18). Fels (Petrus und seine Nachfolger) und Hügel (Vatikan) traten damit bis heute in eine unlösliche Verbindung, so daß selbst in wissenschaftlichen Abhandlungen der Vatikan zum Synonym für den Sitz des Papsttums und für den Heiligen Stuhl als Völkerrechtssubjekt werden konnte.

Für diese so spät einsetzende Entwicklung ist die römische Stadttopographie verantwortlich. Am Fuß des unwirtlichen Vatikanhügels lag der Circus des Nero, die Wettkampfarena der römischen Caesaren, in der nach der Tradition im Jahr 64 oder 67 Petrus den Märtyrertod erlitten haben soll. Weil solche Stadien sehr viel Platz beanspruchten, baute man sie schon in der Antike am Stadtrand, also außerhalb des Mauergürtels. Ganz in der Nähe des Circus, an der *Via Trionfale,* wurde der gekreuzigte

Begründer der christlichen Gemeinde von Rom in einer Nekro-
pole beigesetzt, die dann zum Ausgangspunkt der christlichen
Verehrung wurde. Letzte, heute zu besichtigende Ausgrabungen
(1940–1949, 1952–1965) unter Pius XII. (1939–1958) und Untersuchungen der Reliquien, die Paul VI. (1963–1978) bis 1968
durchführen ließ, begründen – bei weitem nicht widerspruchslos
– den Anspruch auf die Richtigkeit dieser christlichen Tradition,
die seit dem 4. Jahrhundert überliefert ist. Antike und Mittelalter
hatten ganz andere Probleme mit der Verehrung der Gebeine:
die besagte Lage des Ortes außerhalb der Stadt! Schon im Jahre
258 waren die Überreste von Petrus und Paulus in der Kata-
kombe S. Sebastiano an der *Via Appia* «ausgelagert», um sie vor
der Verfolgung des Kaisers Valerian in Sicherheit zu bringen.
Selbst als dann Konstantin der Große eine monumentale Basilika (118 × 64 Meter) über dem Petrusgrab errichten ließ, war
der Zugang zur Memorialstätte des ersten Bischofs von Rom
keineswegs gesichert – lag doch das neue Gotteshaus mitten im
Grünen vor den Toren Roms. Der Bau der fünfschiffigen Kirche
hatte erhebliche technische Schwierigkeiten zu überwinden, so
daß die Fertigstellung des riesigen Baus über 25 Jahre dauerte:
Das hügelige Gelände mit seinen Gärten mußte erst abgetragen
und planiert werden, ehe das Ausrufungszeichen papaler Größe
errichtet werden konnte. Die Sicherung und Befestigung dieses
zentralen abendländischen Wallfahrtsorts durch Mauern und
Türme erfolgte erst unter Leo IV. (847–855) unter dem Eindruck
der Sarazeneneinfälle. Auf ihn geht die Bezeichnung «Leostadt»
zurück, die das gesamte Areal des Vatikanhügels meint, also die
heutige *Città del Vaticano*. Leo reagierte damit auf praktische
Erfordernisse – die Sarazenen hatten schwere Schäden an der Petersbasilika angerichtet – und unterstrich seine Machtstellung
und die Unabhängigkeit des Apostolischen Stuhls. Aber bereits
seine Vorgänger hatten um 800 zwischen Peterskirche und Tiberufer die Einrichtung von *scholae*, eine Art Nationalstiftungen
mit pastoral-karitativer Funktion, gefördert, die neben Kapel-
len, Hospizen und Friedhöfen auch über Wehranlagen verfügten. Einzig erhaltenes Beispiel dieser bereits 799 erwähnten
Scholen der Franken, Sachsen, Friesen und Langobarden ist der

Campo Santo Teutonico neben der Peterabasilika. Damit war
der Vatikanhügel urbanistisch an das Stadtgebiet Roms angeschlossen. Erste, noch unscheinbare Papstresidenzen entstanden unter Symmachus (498–514) und Eugen III. (1145–1153),
die dann zum Kern des heutigen vatikanischen Palastkomplexes
nördlich der Peterskirche wurden.

Der Bischof von Rom hatte in der Antike und fast im gesamten Mittelalter im Lateranpalast residiert, der sich an seine
Bischofskirche *S. Giovanni in Laterano* anlehnte. Kaiser Konstantin hatte sie als erste der christlichen Basiliken (312–318)
errichten lassen und den Päpsten im angrenzenden antiken Palast der *Laterani* Wohnung gewährt. Die Nähe zu *S. Giovanni in
Laterano*, die bis heute (!) Bischofskirche geblieben ist, und die
geschützte Lage innerhalb der Stadt ließen die Päpste nach Bar-
bareneinfällen immer wieder in den Lateran zurückkehren.

Papstresidenz mit Repräsentationsfunktion

Erst nach ihrer Rückkehr aus Avignon (1377) und der beginnen-
den Renaissance in Italien entstand eine repräsentative Papstresidenz mit Verwaltungsfunktion auf dem Vatikanhügel. Sie sollte nicht nur den Neubeginn nach der langen Zeit des Schismas,
das dem Abendland bis zu drei gleichzeitig amtierende Päpste
beschert hatte, öffentlich manifestieren, sondern auch das sich
gewandelte Menschen- und Weltbild, das sich an der Vernunft
und der Antike orientierte, sowie das neue Selbstverständnis der
Päpste unübersehbar zum Ausdruck bringen. Draußen vor der
Stadt, am *ager vaticanus,* war reichlich Platz für eine ausgreifende Realisierung solcher sehr weltbezogener Ideen vorhanden.
Nikolaus V. (1447–1455) ließ einen tollkühnen Bebauungsplan
für den Vatikan und den gesamten, damals in Trümmern liegen-
den *Borgo* – das Gebiet zwischen Peterskirche und Tiber – entwerfen, der in seinen Dimensionen und seiner ideologischen
Ausrichtung das Versailles Ludwigs XIV. vorwegnahm. Wenn
auch die gigantischen Bauprojekte dieses Papstes, dessen Welt
«Bücher und Bauten» waren, niemals vollständig realisiert wurden, so zeigen sie doch, daß das religiöse und urbane Zentrum

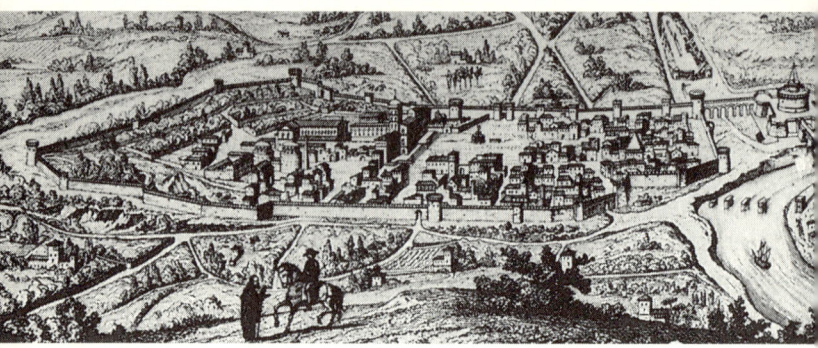

Ansicht des Vatikans mit dem befestigten Borgo
im 15. Jahrhundert. Der Obelisk vor der konstantinischen Basilika
steht noch am originalen Platz; rechts davon der mittelalterliche
Glockenturm mit der Papstresidenz.

der Christenheit ein Neues werden sollte: St. Peter und die Engelsburg sollten nun endgültig baulich verbunden und durch un-
überwindliche Wehranlagen gesichert werden. Vor dem *Castello
S. Angelo* war ein großer Platz vorgesehen, von dem aus drei ge-
radlinige Straßenzüge zum gewaltigen Petersplatz führen sollten.
Diese Achsen sollten zum Schutz vor Regen und Sonne von Säu-
lenhallen gesäumt werden, die im Untergeschoß Läden verschie-
denster Art, im Obergeschoß den päpstlichen Hof beherbergen.
Jede dieser Achsen sollte ganz im Stil der Renaissance perspek-
tivisch auf einen Fluchtpunkt ausgerichtet werden: die mittlere
auf die Petersbasilika, die rechte auf den Papstpalast, die linke
auf den Wohnkomplex der Geistlichen. Damit nicht genug!
St. Peter sollte als 180 Meter lange, fünfschiffige Säulenbasilika
mit Monumentalkuppel völlig neugebaut werden. Der neue,
ausgreifende Papstpalast – mehr eine Burg als eine Residenz –
sollte dem Papst zu allen Jahreszeiten ein modernes und luxuriö-
ses Quartier bieten und das Kardinalskollegium sowie sämtliche
Ämter der Kurie aufnehmen. In der neuen Leostadt wäre dann
für alles gesorgt: Prachtsäle für die Papstkrönung und den Empfang von Herrschern, Räumlichkeiten für die Papstwahl, für
die große Bibliothek und den Kirchenschatz sowie ein Theater;

üppige Gärten mit allen Arten von Pflanzen und Wasserspielen
sollten im Sommer die Illusion des mediterranen Landlebens
vorgaukeln. Mit diesem Projekt hatte Nikolaus V. im Prinzip das
vorweggenommen, was man heute unter dem Vatikan versteht:
ein funktionales geistliches, bürokratisches und kulturelles Zentrum, das auch wirtschaftliche Aspekte nicht vernachlässigt.
Ohne Übertreibung ist damit Nikolaus zum «geistigen Vater»
der Vatikanstadt geworden, selbst wenn seine hochfliegenden
Pläne nicht verwirklicht wurden. Viele Elemente wurden in anderer Form im 20. Jahrhundert realisiert. Er hatte immerhin das
ideelle Fundament zu einer *Civitas Dei*, einem Gottesstaat, als
Gegenpol zum «weltlichen» Rom gelegt. Nikolaus selbst konnte
nur die Wehr- und Verteidigungsanlagen des *Borgo* und der
Leostadt sowie den Nordflügel am sogenannten Papageienhof
im Vatikan fertigstellen, an dem dann Sixtus IV. (1471–1484)
weiterbaute. Diesem Papst verdanken wir die berühmte Sixtinische Kapelle (1473–1484), die als Hofkapelle und Ort der Papstwahl bekannt ist, tatsächlich aber als südwestlicher Verteidi-
gungsvorposten des Vatikanpalastes geplant war: Hinter den
meterdicken Mauern, die von Zinnen bekrönt sind, wurden im
Obergeschoß Mannschaft und Waffen untergebracht. Auf den
baufreudigen Sixtus geht außerdem die Einrichtung einer päpstlichen Bibliothek und des Archivs im Vatikan zurück.

Unter Innozenz VIII. (1484–1492) war der Vatikanpalast bereits so weit zu einer repräsentativen und bürokratischen
Schaltzentrale geworden, daß der Papst außerhalb des Komplexes Muße suchte. Er konnte nicht ahnen, daß mit dem Bau des
kleinen *Palazzetto del Belvedere* an der Nordecke des Vatikanhügels, von der man einen immer noch stimmungsvollen Rund-
blick über die Tiberschleife und die Campagna Romana hat, der
Grundstein zu einer der bedeutendsten Kunstsammlungen der
Welt gelegt wurde: Julius II. (1503–1513) ließ die noch wehrhafte kleine Villa auf dem Hügelvorsprung durch zwei gedeckte
Gänge mit dem Papstpalast verbinden und zu einem Musensitz
umgestalten, aus dem sich allmählich die Vatikanischen Museen
entwickelten.

Von der Machtpolitik zur Kunstsinnigkeit

Das 16. Jahrhundert hält noch ein weiteres epochemachendes Pontifikat bereit: das Sixtus' V. (1585–1590). Dieser Greis aus den Marken entwickelte in seiner rund fünfjährigen Amtszeit eine erstaunliche Aktivität in fast allen Bereichen des kirchlichen Lebens. Fundamental für die Kirchenverwaltung wurde seine Apostolische Konstitution *Immensa aeterni Dei* vom 22. Januar 1588, die gemeinhin den kirchenrechtlichen Geburtstag der Römischen Kurie markiert. Die zunehmende Verwaltungstätigkeit der Römischen Kirche, vor allem nach ihrer inneren und äußeren Reform auf dem Konzil von Trient (1545–1563), und die immer größer werdende Verschriftlichung, die kaum mehr von päpstlichen Kanzleien und «Schreibbüros» zu bewerkstelligen war, überforderte den Papst und das Kardinalskollegium. Das betraf sowohl die Entscheidungsfindung als auch die Abwicklung des Schriftverkehrs. Daher unterteilte Sixtus V. 1588 das päpstliche Beratergremium in 15 Unterkollegien – sogenannte Dikasterien bzw. Kardinalskongregationen –, denen er einen genau umschriebenen Zuständigkeitsbereich zuwies. Dadurch trat die päpstliche Verwaltung ressortmäßig und räumlich auseinander: Die Sitzungen der Kardinalskongregationen wurden anfangs in den *Palazzi* der Kardinalpräfekten abgehalten. Später zogen dann etliche Dikasterien in den Apostolischen Palast im Vatikan ein, für die vor allem unter Gregor XIII. (1572–1585) und wiederum unter Sixtus V. die baulichen Voraussetzungen geschaffen wurden. Hatte Gregor den Papstpalast in Richtung Nordosten erweitert und den Damasushof durch den Anbau einer neuen Loggia nach zwei Seiten umbaut, fügte der bauwütige Sixtus den beherrschenden Apostolischen Palast als wuchtiges Quadrat mit Innenhof nach Osten hin an. Den Papst bewogen dabei sowohl sein gesteigertes persönliches und kirchliches Repräsentationsbedürfnis als auch die Verbesserung der hygienischen Verhältnisse: Die im Norden, am Hügelabhang befindlichen Gemächer hatten sich als ungesund und feucht erwiesen, so daß man weiter in Richtung Tiber zog, wo es mehr Ventilation gab. Der Apostolische Palast, der sich dominierend auf einem schmalen Ausläu-

Der halbfertige Petersdom mit Damasushof und Apostolischem Palast;
dahinter die beiden gedeckten Gänge zum Belvedere
(Stich von Antonio Tempesta 1593, 1606 reproduziert)

fer des Vatikanhügels erhebt, ist noch heute der Wohnbereich
des Papstes und seines wichtigsten Mitarbeiters, des Kardinalstaatssekretärs. Außerdem nimmt dieser Komplex am Damasushof zahlreiche wichtige Verwaltungsorgane der Römischen Kurie auf, wie etwa das Päpstliche Staatssekretariat, die Päpstliche
Kammer und die Vatikanbank. Der alte, um seine Gesundheit
besorgte Greis hatte dieses monumentale Bauwerk etwa ein Jahr

vor seinem Tod in Auftrag gegeben und konnte zumindest einen Großteil des Gebäudes noch in Augenschein nehmen. Gestorben ist er allerdings im Quirinalspalast, den er wegen seines gesunden luftigen Klimas 1587 kaufte und in den Sommermonaten bezog. Bis 1870 bildete diese immer wieder erweiterte und umgebaute Residenz auf dem Quirinalshügel das Sommerdomizil der Päpste.

Sixtus' Drang nach Um- und Neubauten hatte nicht nur persönliche Ursachen; es war ebenso das neue Selbstverständnis der Kirche nach der tridentinischen Reform, das nach einem architektonischen Ausdruck verlangte. Die Anlage von geradlinigen Pilgerstraßen durch Rom, die die Hauptkirchen für die Wallfahrer weithin sichtbar verbinden sollten, war ebenso religiös motiviert wie die Abwertung von Antike, Mittelalter und lebensfroher Renaissance mit ihren Turnierspielen, denen der Papst im unteren Belvederehof im wahrsten Sinne des Wortes einen Riegel vorschob: Wiederum in kürzester Zeit (1587–1588) errichtete er mitten in der Arena den Neubau der Vatikanischen Bibliothek. Unter diesem furiosen Despoten erhielt ganz Rom ein neues Gesicht, das die Stadt bis heute prägt: wiederbesiedelte Hügel, reiche Wasserversorgung mit Brunnen und Aquädukten, Obelisken, funktionale Straßenzüge und nicht zuletzt die vollendete Kuppel des 1506 begonnenen Petersdoms.

Im folgenden Jahrhundert konzentrierte man sich stärker auf die Vollendung der Peterskirche und auf die Anlage des Petersplatzes: Setzte Paul V. (1605–1621) einen etwas unglücklichen Abschluß des sakralen Bauwerks durch die Vorhalle von Carlo Maderno, die den Blick auf die Kuppel verstellt, so konnte Urban VIII. (1623–1644) die Basilika am 18. November 1626 feierlich einweihen; ausgestattet mit dem uns vertrauten farbigen Marmor, den Pilastern und Heiligenstatuen wurde sie allerdings erst bis 1650. Damit wurde nach etwa 150 Jahren die größte christliche Kirche über einem lateinischen Kreuz vollendet. Am Ende hatten liturgische Praxis und Tradition über die geniale Idee der Spätrenaissance, einen Zentralbau zu errichten, gesiegt.

Die Inszenierung der Monumentalität vor der Kirche blieb Gian Lorenzo Bernini vorbehalten, der im Auftrag Alexan-

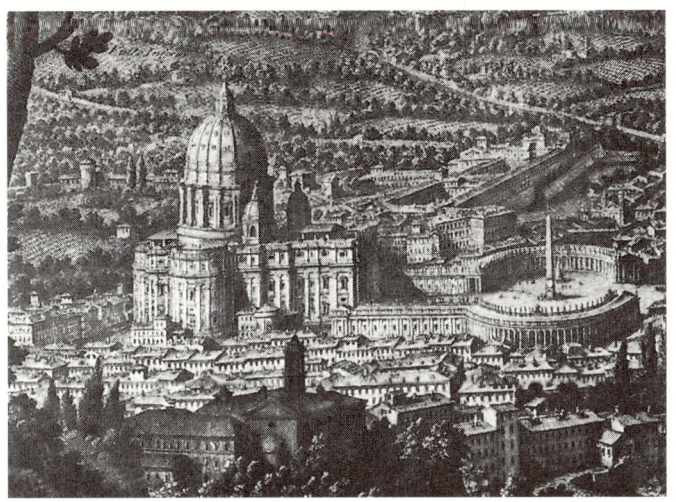

Blick auf Vatikan und Petersplatz (Stich um 1775).
Im Hintergrund sind die vernachlässigten Vatikanischen Gärten
zu sehen.

ders VII. (1655–1667) den Petersplatz in seiner heutigen Form
entwarf: Die Kolonnaden sollen den Pilger zur Basilika leiten
und ihm die Möglichkeit eröffnen, den päpstlichen Segen sowohl von der Loggia am Petersdom als auch vom Apostolischen
Palast aus zu empfangen. Eine Blickachse vom Tiber, wie sie
später unter Benito Mussolini angelegt wurde, war nie vorgesehen; sie läuft sogar Berninis Idee entgegen, nach der der aus der
engen Stadt kommende Wallfahrer beim Betreten des Platzes
von der Monumentalität der Anlage überwältigt werden sollte.

Das 18. Jahrhundert verzichtete auf solch imposante Architektur. Das lag an der geschwundenen politischen Macht
und moralischen Autorität der Päpste, die nach dem Dreißig-
jährigen Krieg zu einer Quantité négligeable im europäischen
Mächtekonzert geworden waren. Angesichts des Prestigever-
lustes verlegte man sich im Vatikan auf Kunst und Wissenschaften, wovon zahlreiche Museumsbauten zeugen (vgl. den Abschnitt *Vatikanische Museen*).

Das Ende der «Ewigen Stadt»

Nach dem 20. September 1870, als die italienische Einigungsbewegung die Stadt Rom erstürmt hatte, wurde der Vatikan mehr und mehr zum Zentrum der päpstlichen Verwaltung. Der immer wieder als rückständig bezeichnete Kirchenstaat ging restlos verloren, nachdem der französische Kaiser Napoleon III. seine Schutztruppen aus Latium und Rom abgezogen hatte, um sie im Deutsch-Französischen Krieg 1870/71 einzusetzen. Damit besiegelte die «älteste Tochter Roms» das Schicksal der weltlichen Herrschaft des Papstes. Die auf Legitimität bedachte italienische Regierung König Vittorio Emmanueles II., die seit 1870 über die gesamte Apennin-Halbinsel gebot, garantierte dem Papst im Mai 1871 die Freiheit und Unabhängigkeit in der geistlichen Führung der Kirche, finanzielle Leistungen sowie Ehren und Privilegien eines Souveräns, etwa das Recht, diplomatische Vertretungen zu unterhalten. Das Eigentumsrecht wurde dem Papst allerdings in allen Bereichen verwehrt, wenn man ihm auch die Nutzung der Vatikanischen Gärten und Paläste einräumte. Pius IX. (1846–1878) lehnte in einem feierlichen Protest zwei Tage später dieses Garantiegesetz ab und betrachtete sich fortan als Gefangener im Vatikan. Tatsächlich verließen er und seine Nachfolger die Leostadt nicht mehr, so daß das Konklave – das Einschließen der Kardinäle im Vatikan zwecks Papstwahl – für den neuen Pontifex Maximus auch nach der Wahl nicht enden sollte.

Die Folgen der epochalen Umwälzung von 1870 sind noch heute deutlich erkennbar: Indem der liberale Staat überall in Rom mit überdimensionierten Administrationsgebäuden und monumentalen Denkmälern auftrumpfte, den Blick auf den Petersdom durch Neubauten versperrte und rings um den Vatikan kirchenfeindliche Platz- und Straßennamen vergab – eine neuerrichtete Reiterstatue Garibaldis auf dem nahen Gianicolo wies dem Papsttum das Hinterteil –, signalisierte die italienische Regierung den Anbruch einer neuen Ära: Die in weiten Teilen ländlich strukturierte, barocke Stadt der Päpste, die immer noch als Hauptstadt des Katholizismus galt, sollte zu einer mo-

dernen Großstadt umgestaltet werden. Durch die Abgeschlossenheit des Papstes, dessen körperlicher Aktionsradius nun auf
die von Bastionen umgebene Leostadt reduziert war, wurde der
Vatikan zum Zentrum der weltkirchlichen Verwaltung. Fortan
wurden hinter sprichwörtlich hohen Mauern ohne jede Transparenz Entscheidungen von Klerikern gefällt. Der Verlust der
weltlichen Macht führte zum Aufbau eines geistlichen Boll-
werks, das auf theologisch-philosophischem und disziplinari-
schem Gebiet in Opposition zur modernen Welt und Wissenschaft stand. Dadurch gewann die katholische Kirche zwar an
Geschlossenheit, der Graben zu der sich rasant modernisieren-
den Umwelt wurde aber weiter und tiefer.

Die erzwungene Ghettosituation des Papsttums wurde innerkirchlich propagandistisch instrumentalisiert. Der Papst wurde
erst jetzt durch das expandierende Presse- und Pilgerwesen zu
einer populären Gestalt. Bereits Pius IX. wußte diese persönliche Aufwertung geschickt zu steuern und zu nutzen, so daß die
Römische Kirche am Ende seines Pontifikats zu einer veritablen
Papstkirche mutiert war.

Vom erzwungenen Rückzug auf das Gebiet des Vatikans pro-
fitierten auch bislang vernachlässigte Bereiche, allen voran die
Vatikanischen Gärten. Da der Quirinal und auswärtige kühl-
lende Sommerpaläste für den Aufenthalt in der heißen Jahres-
zeit nicht mehr zur Verfügung standen, errichtete Leo XIII.
(1878–1903) eine bescheidene Residenz innerhalb der Vatikanmauern, um dort Ruhe und Erholung von den Amtsgeschäften
zu finden. Er nutzte außerdem das unter Pius IV. (1559–1565)
erbaute Landhaus zu gesellschaftlichen Zwecken, das im Vatikan als «Casina» bezeichnet wird, um die anrüchige Bezeichnung «Casino» zu vermeiden. Es ist heute kaum vorstellbar,
daß in einer Zeit wachsenden sozialen und dogmatischen Rigo-
rismus pittoreske Gebäudekomplexe inmitten der Leostadt dem
nachmittäglichen Empfang für die Damen diente. Benedikt XV.
(1914–1922) betätigte sich gar als Gartenarchitekt. Noch heute
kann man Terrassierungen, Anpflanzungen und Brunnenanlagen auf den vatikanischen Höhen besichtigen, die auf seine Planung zurückgehen. Auch von außen erreichten den eingeschlos-

senen Papst große Geschenke, die ihm das Exil im eigenen Hause versüßen sollten. Der Bischof von Tarbes übersandte Leo XIII. eine Originalnachbildung der Lourdes-Grotte, und die Landsleute Benedikts XV. stifteten eine Replik der berühmten *Madonna della Guardia*, die die Hafeneinfahrt nach Genua bewacht. All diese Kleinbauten fanden auf der Höhe der Vatikanischen Gärten bis heute eine Bleibe.

Ein Hügel als Staat: die Lateranverträge

Die versöhnliche Einigung zwischen dem Heiligen Stuhl und dem Königreich Italien kam erst nach zähem Ringen unter Pius XI. (1922–1939) zustande. Für den Vatikan verhandelte der Bruder des späteren Papstes Pius XII., Francesco Pacelli, mit Benito Mussolini, der an einer raschen Lösung der Römischen Frage interessiert war. Pacelli kümmerte sich um jede Einzelheit, die er in den insgesamt 129 Audienzen mit Pius XI. besprach. Nach dreißigmonatigem Ringen und 20 verschiedenen Textfassungen konnte das fundamentale Vertragswerk am 11. Februar 1929 von Kardinalstaatssekretär Pietro Gasparri und Mussolini im Lateranpalast unterzeichnet werden. Der Papst erkannte darin die Stadt Rom als Sitz der italienischen Regierung an, während Italien die politisch-territoriale Souveränität des Vatikans garantierte. Dieser Geburtstag des Vatikans im modernen Sinne wird seither als «Nationalfeiertag» in der Leostadt begangen, an dem alle Behörden geschlossen bleiben. Bei wechselnden Regierungsformen und Regimen haben sich die sogenannten Lateranverträge als Basis für eine unabhängige kirchliche Verwaltung bis heute bewährt, vor allem im Zweiten Weltkrieg, als selbst die deutschen Besatzer Roms es nicht wagten, die Leostadt zu stürmen, obgleich dies von Hitler zeitweilig erwogen wurde. Die Aussöhnung zwischen Kirche und Staat wurde auch architektonisch gebührend gefeiert: Die ausladende *Via della Conciliazione* zwischen Petersplatz und Tiberufer verbindet symbolisch die beiden Schaltzentralen rechts und links des Tibers.

Die Stärke der Lateranverträge liegt vor allem in der Kombination aus drei verschiedenen Rechtscorpora: dem Errichtungsabkommen der Vatikanstadt, dem Konkordat zwischen dem faschistischen Staat und der Kirche sowie der Finanzvereinbarung, die der Römischen Kurie wirtschaftliche Unabhängigkeit und weltweite Aktionsmöglichkeiten gewährleistet. Pius XI. kam es vor allem darauf an, über ein – wenn auch noch so kleines – souveränes Territorium zu verfügen. Darüber hinaus wünschte sich der Papst vergeblich eine Landverbindung zum Meer – ein Verhandlungspunkt, der merkwürdigerweise während des Zweiten Weltkriegs wieder auftauchte. Auch den an die Leostadt angrenzenden Palast des Heiligen Offiziums und den Deutschen Friedhof, den Campo Santo Teutonico, vermochte Pius XI. nicht in das vatikanische Staatsgebiet zu integrieren. Hier gab die Kurie buchstäblich in letzter Minute nach, wobei ihr der Friedhof mit dem Priesterkolleg ohnehin ein Dorn im Auge war, da diese Nationalstiftung internationale Verwicklungen des Vatikans versprachen. Es gehörte immer schon zu den obersten Maximen päpstlicher Politik, sich Problemen im vorhinein zu entledigen. Von Pius XI. wird die bissige Bemerkung überliefert, daß die Deutschen nur dann Ruhe und Frieden gäben, wenn sie auf dem dortigen Friedhof lägen.

Nachdem der Papst offiziell auf die übrigen Gebiete des Patrimonium Petri verzichtet hatte, war er wieder Herr im eigenen Hause – und zwar als absoluter Monarch in einem ihm persönlich gehörenden Territorium. Mit dem Verlust haben sich die Päpste jedoch nie ganz abfinden können. Vor allem Pius XII., ein lokalstolzer Römer, versuchte immer wieder, den Anspruch der Kirche auf das Stadtgebiet wachzuhalten, wenn auch in einer vergeistigten und kulturhistorischen Form: Bereits Livius weise auf den göttlichen Ursprung der Ewigen Stadt hin, deren wahre Erben Papst und Kirche seien.

Juristische Verträge sind da viel nüchterner und zeitloser. Der Vatikanstaat, so sagt die Präambel des Errichtungsabkommens, ist ein politisches Gebilde, das dem Heiligen Stuhl in seiner Eigenschaft als oberste Institution der katholischen Kirche die «absolute und sichtbare Unabhängigkeit sichert und ihm eine über jeden Zweifel erhabene Souveränität, auch auf internationaler Ebene garantiert». Das vatikanische Gelände mit seinen

44 Hektar gilt als neutrales und unverletzliches Staatsgebiet. Eine entsprechende Karte ist von beiden vertragsschließenden Partnern paraphiert worden. Darüber hinaus gibt es noch exterritoriale Gebiete wie die Sommerresidenz Castelgandolfo, den Lateran- und den San-Calisto-Komplex in Trastevere, einige Patriarchatsbasiliken in Rom, etliche Kongregationspaläste und verschiedene Wohngebäude. Obgleich die katholische Kirche in Jahrhunderten denkt, ist doch selbst ein so fundamentales Vertragssystem keine statische Angelegenheit geblieben. Immer wieder wurden Sonderregelungen fixiert, Ergänzungen vorgenommen und vor allem die Exterritorialität stetig erweitert. Insofern kann man beim Vatikan von einem wachsenden Staat sprechen. 1953 erhielt beispielsweise das Gebiet der Sendeanstalt des Vatikanradios «Santa Maria di Galeria», 18 Kilometer nördlich von Rom, den exterritorialen Charakter zugesprochen. In diese Kategorie gehört auch der Petersplatz, der wider Erwarten «nur» päpstliches Hoheitsgebiet ist. Erst wenn man das Glockentor, das sich in der linken Fassadenseite von St. Peter befindet, passiert hat, betritt man vatikanisches Staatsgebiet. Daher ist auch die italienische Polizei berechtigt, auf dem Petersplatz Kontrollen durchzuführen und Patrouille zu fahren – nicht immer zur Freude der Bewohner des Vatikans, die häufig über die jugendliche Schnodderigkeit der Carabinieri klagen. Ein staatsrechtliches Kuriosum stellt vor allem die Lage der päpstlichen Audienzhalle dar, die unter Paul VI. teils auf vatikanischem Staatsgebiet, teils auf exterritorialem Boden errichtet wurde: In den üblichen Mittwochsaudienzen sitzt das Pilgervolk auf italienischem Gebiet, während der Papst im Vatikan thront.

Bereits der Name des neuen Gebildes – «Stato della Città del Vaticano» (Staat der Vatikanstadt) – mutet wie ein staatsrechtlich gedrechseltes Konstrukt an und ist auch sofort dem Spott der bissigen Römer zum Opfer gefallen. Die Abkürzung SCV, die beispielsweise auf den alten Autokennzeichen zu sehen ist, wird als «Se Cristo vedesse ...» (Wenn Christus das sehen würde ...) gelesen; rückwärts: «vi cacciarebbe subito» (würde er euch sofort verjagen). Aber egal wie klein dieser Miniatur-

staat auch ist und wie unpopulär weltliche Herrschaft von geistlichen Autoritäten auch sein mag: Ein Einkaufsschein für die
Annona (den vatikanischen Supermarkt), ein befreundeter Monsignore aus dem Staatssekretariat oder Benzinkarten für die
Vatikantankstelle, wo man nahezu steuerfrei tanken kann, sind
für jeden Durchschnittsrömer erstrebenswerte Prestigesymbole.
Einer der äußerst seltenen Wohnsitze in der Leostadt, ein Konto
bei der Vatikanbank oder ein vatikanisches Kennzeichen befördert den Inhaber an die Spitze des sozialen Ansehens in Italien.
Egal wie man zur Kirche steht: Eine Empfehlung aus dem Vatikan wirkt in ganz Italien wahre Wunder, sei es in Wirtschaft,
Kultur oder Verwaltung.

   Neben dem Abkommen über die Errichtung des Vatikanstaates war die finanzielle Regelung die nächstwichtige Abma-
chung der Lateranverträge. Als Entschädigung für den Verlust
des alten Kirchenstaates bot der italienische Staat 1750 Millionen Lire auf, die teils in bar, teils in Staatsanleihen an den Vatikan gingen. Diese finanziellen Zuwendungen sollten die seelsorglichen und kirchenpolitischen Aktionsmöglichkeiten des
Heiligen Stuhls sichern und dem Vatikanstaat als Lebensgrund-
lage dienen. Die Freude über die urplötzlich sprudelnden Finanzquellen äußerte sich auf ganz barocke Weise: in Form von
Bauwut. Gleich im ersten Jahr wurden der sogenannte *Palazzo
del Governatorato* (der Palast für die Zivilverwaltung des Vatikanstaates), die päpstliche Pinakothek und der Bahnhof errichtet, den zwei Basreliefs mit vielsagenden biblischen Szenen
schmücken: Elias auf dem Feuerwagen (2 Kön 2,11) und der
große Fischzug (Lk 5,4–11; Jo 21,1–11). Seither ist der Vatikan
an das italienische Schienennetz angeschlossen. Züge verkehren
in diesem Kopfbahnhof aber recht selten und dienen fast ausschließlich der Güterbeförderung. Nur wenige Male stieg auch
der Papst in das Vehikel der Industriellen Revolution – erstmals
1962, als Johannes XXIII. (1958–1963) eine Pilgerreise nach
Assisi und Loreto unternahm.

   Gegenüber internationalen Organisationen und Abkommen
verhält sich der Vatikan zunehmend offen. Zwischen 1870 und
1929 hatte die italienische Diplomatie ihn aus allen wichti-

gen Friedensverträgen und internationalen Konferenzen ausge-
schlossen. Die Lateranverträge brachten ein vollständig neues
Miteinander zwischen den beiden in Rom ansässigen Regierungen mit sich und ließen den Heiligen Stuhl, dessen Prestige während der beiden Weltkriege enorm gewachsen war, zu einem
ernstzunehmenden und gesuchten Gesprächspartner werden. Die
Verträge gebieten dem Papst zwar, sich aus allen internationalen
Streitigkeiten herauszuhalten, räumen ihm aber gleichzeitig die
Möglichkeit ein, gemeinsam mit den streitenden Parteien an der
Wahrung des Friedens mitzuwirken, wenn dies von allen ge-
wünscht werde. In jedem Fall steht ihm das Recht zu, seine moralische und geistliche Autorität geltend zu machen. Vor allem
junge Staaten der sogenannten Dritten Welt suchten in den letzten Jahrzehnten die Nähe zum Papst – weniger wegen seiner
geistlichen Mittlerschaft als wegen der Koordination von mate-
riellen Hilfen. Anfangs taten sich gerade diese Länder schwer
mit der Unterscheidung zwischen der marginalen weltlichen
Macht und der geistlich-moralischen Größe, für die der Begriff
«Vatikan» mit seinem diplomatischen Apparat steht. Seit 1957
ist der Vatikan unter dem völkerrechtlich relevanten Titel «Hei-
liger Stuhl» Mitglied der Vereinten Nationen. Aufgrund der
zahlreichen Kunstgegenstände, die sich inner- und außerhalb
der Vatikanischen Museen befinden, trat der Heilige Stuhl 1958
der Haager Konvention zum Schutz der Kulturgüter bei. Diese
stehen im Falle eines bewaffneten Konflikts unter dem Schutz
des Generaldirektors der UN, da das päpstliche Staatsgebiet in
das internationale Verzeichnis der Kulturgüter eingetragen ist.
Zusätzlich wurde der gesamte Miniaturstaat 1982 in die Liste
des Weltkulturerbes aufgenommen.

Die komplizierte Staatsangehörigkeit

Das etwa 44 Hektar große vatikanische Staatsgebiet kann selbst
den eigenen «Untertanen», von denen es derzeit etwa 600 mit
eigener Staatsangehörigkeit gibt, trotz der relativ dichten Be-
bauung kaum Wohnraum bieten. Das ist ein altes und bis heute
nicht zufriedenstellend gelöstes Problem. Der Großteil der Ge-

bäude wird liturgisch, museal oder administrativ genutzt – man denke nur an die gewaltige Ausdehnung des Petersdomes, der Vatikanischen Museen und des Apostolischen Palastes. Wohnung finden die meisten Monsignori in der Stadt; selbst die allermeisten Kurienkardinäle residieren außerhalb des Stadtstaates in Palazzi, die dem Vatikan gehören. Um dieser Raumnot zu begegnen, riß man in den neunziger Jahren den kleinen Palazzo S. Marta bei der Sakristei von St. Peter ab und baute an dessen Stelle ein modernes Appartementgebäude, das 120 Kurienangestellten Wohnung bietet. Die Sache hat für die privilegierten Mieter jedoch einen Haken: Stirbt der Papst, müssen die Anwohner ausquartiert werden, um den zum Konklave anreisenden Kardinälen Unterkunft im Vatikan zu gewähren.

Eine weitere Besonderheit des vatikanischen Staatsvolks ist seine hohe Fluktuation, denn die Staatsbürgerschaft wird provisorisch verliehen, da sie streng funktionsbezogen ist. Sie ersetzt nie eine ursprüngliche Nationalität. Johannes Paul II. (seit 1978) hat deswegen seinen polnischen Paß nicht zurückgegeben, was für seine ersten Polenreisen den Vorteil hatte, daß ihm die Kommunisten 1979 die Einreise in seine Heimat nicht verwehren konnten. Diese Verbindung von Funktion und Staatsbürgerschaft gilt sowohl für die hohen Ämter der päpstlichen Kurie, wie etwa für das des Kurienkardinals, als auch für die Schweizergarde. Sie alle sind Vatikanbürger nur für die Zeit ihres aktiven Dienstes und haben neben verschiedenen Vergünstigungen innerhalb des Vatikans auch das Recht auf das Autokennzeichen «SV». Nach dem Gesetz vom 7. Juni 1929 werden alle im Vatikan oder in Rom lebenden Kardinäle vatikanische Staatsbürger, ferner alle, die aufgrund ihres Amtes, ihrer Aufgabe oder einer besonderen Erlaubnis des Papstes auf Dauer in der Leostadt wohnen.

Gut zwei Fünftel des Staatsvolkes leben jedoch im meist außeritalienischen Ausland: Um die Immunität der päpstlichen Auslandsvertreter sicherzustellen, erhalten hauptsächlich diese einen Vatikanpaß, der jedoch immer auf die Dauer ihres Auftrags bezogen ist. Durch das ständige Anwachsen der diplomatischen Aktivität des Papstes hat sich die Zahl der Vatikanbürger

seit den siebziger Jahren in etwa verdoppelt. Die Nuntien und
Gesandten vertreten jedoch nicht den Vatikan als Territorial-
staat, sondern den Heiligen Stuhl als Völkerrechtssubjekt, der ja
in der Theorie nicht auf ein Staatsgebiet angewiesen ist. So sind
auch die auswärtigen Diplomaten nicht beim «Stato della Città
del Vaticano» akkreditiert, sondern beim Heiligen Stuhl. Daher
gibt es seit 1929 zwei verwaltungsmäßig voneinander getrennte
Regierungen im Vatikan: die eine, die mit der Bezeichnung Heili-
ger Stuhl gemeint ist und für die geistliche Leitung der Weltkirche mit ihren Organen zuständig ist, und die Regierung des Vatikanstaates als eine Administration des päpstlichen Territoriums.
Die gesonderte geistliche Verwaltung des Bistums Rom wird
vom römischen Vikariat im Lateranpalast übernommen.

Weitere Zeichen der Staatlichkeit

Diese Unterscheidung in zwei Regierungen findet auch ihren
Niederschlag in den offiziellen Symbolen. Neben der Standarte
der Römischen Kirche für die geistliche Herrschaft der Päpste
verkörperte in früheren Zeiten eine *Bandiera Pontificia* die weltliche Souveränität über den Kirchenstaat. Sie führte bis 1808 die
traditionellen Farben des Senats und der Bevölkerung Roms:
Gelb und Rot und wurde dann in Weiß und Gelb abgeändert.
Die Lateranverträge ordneten beide farbigen Streifen vertikal an
und versahen sie mit der Tiara und den gekreuzten Schlüsseln,
von denen der goldene die päpstliche Lösegewalt (Sündenver-
gebung) und der silberne den Bannstrahl (Exkommunikation)
bezeichnen. Das vatikanische Wappen zeigt dieselben Symbole
auf rotem Grund. Es ist nicht zu verwechseln mit dem päpstlichen Wappen, das sich jeder Pontifex individuell entwerfen
läßt.

Seit ihrem Bestehen gibt die Vatikanstadt eigene, bei Samm-
lern sehr begehrte Geldstücke heraus, die von der italienischen
Münzanstalt geprägt werden und auf der Rückseite meist das
Porträt des regierenden Papstes zeigen. Die vatikanischen Lira-
Münzen galten seit 1930 in Italien und San Marino als öffent-
liches Zahlungsmittel, so wie die Münzen dieser Staaten auch

im Vatikan angenommen wurden. Außerdem gibt der Heilige
Stuhl als Zeichen seiner Souveränität eigene Briefmarken heraus (siehe S. 122–123).

Wie jeder Staat so hat auch der Vatikan seine eigene Hymne,
deren «Geburt» ein recht wechselhaftes und schwieriges Unterfangen war. Die heute offizielle Papsthymne hatte Charles Gou-
nod zum 50. Priesterjubiläum von Pius IX. komponiert, das im
April 1869 gefeiert wurde. Der Marsch wurde allerdings erst
Ende 1949 als neue vatikanische Nationalhymne eingeführt,
da Pius XII. mit seinem unfehlbaren Gespür für das Zeremo-
nielle die Melodie Gounods für passender hielt als die bisherige
Hymne von Vittorino Hallmayr, die die Römer als *Saltarello*
(Springtanz) verspottet hatten. Etwas blieb allerdings von der
schwungvollen österreichischen Marschmusik: Die Anfangsfan-
fare wurde Gounods Hymne vorangestellt und ist heute jedem
Fernsehzuschauer bekannt, der die Intonierung hört, wenn der
Papst auf der Benedikationsloggia zum Segen *Urbi et Orbi* (für
die Stadt und den Erdkreis) erscheint.

Verfassung

Obgleich Verfassungen etwas für Demokraten sind und Monar-
chien, erst recht absolute, ohne solche existieren, gab sich der
Vatikan am 7. Juni 1929 kurz nach der Unterzeichnung der Lateranverträge ein Grundgesetz, in der die absolute Wahlmonar-
chie als Staatsform festgeschrieben ist. Der Pontifex als Souve-
rän des Kirchenstaates besitzt die gesetzgebende, vollziehende
und richterliche Gewalt. Bei Sedisvakanz, nach dem Tod des
Papstes, kommen diese Vollmachten dem Kardinalskollegium
zu. Die Zivilgesetzgebung des Vatikans besteht fast ausschließlich aus einem Strafrecht, das allerdings nicht ausreichte, wie
die Praxis bald zeigte. Deshalb griff man auf die italienische Gesetzgebung zurück und übernahm sogar vom Nachbarstaat die
Todesstrafe: Wer ein Attentat auf den Papst oder ein anderes
Staatsoberhaupt beging oder etwa einen bewaffneten Aufstand
anzettelte, sollte nach vatikanischem Recht hingerichtet werden. Erst im Juni 1969 wurde diese Strafe stillschweigend abge-

schafft, wobei die letzte Hinrichtung im Kirchenstaat knapp
hundert Jahre zurücklag.

Die weltliche Verwaltung des vatikanischen Territoriums wurde anfangs von einem vom Papst ernannten Gouverneur wahrgenommen – einem Laien, dem Letztverantwortung in seinem
Bereich zukam. Schon 1939 trat an dessen Stelle eine Kardinalskommission, die aus Vertretern der obersten Kirchenleitung bestand, wobei der Kardinalstaatssekretär noch zusätzliche päpstliche Vollmachten erhielt. Damit war im Vatikan faktisch die
Trennung von weltlicher und geistlicher Verwaltung aufgehoben. Johannes Paul II. stärkte 1984 nochmals die Stellung des
Kardinalstaatssekretärs, der seither den Papst in der zivilen Verwaltung des Vatikanstaates vertritt. In diesem Sinne ist auch das
neue, im Februar 2001 in Kraft getretene Grundgesetz des Vatikanstaates gehalten, das sich wie eine Geschäftsordnung der
Kardinalskommission liest. Dieser hatte Paul VI. 1968 ein nur
beratendes Gremium zur Seite gestellt, die *Consulta dello Stato
della Città del Vaticano*, die sich überwiegend aus Mitgliedern
des römischen Hochadels zusammensetzt und seit einiger Zeit
auch Frauen berücksichtigt. Wie zentral die Kardinalskommission tatsächlich war und ist, verdeutlicht ein Blick auf ihren Zuständigkeitsbereich. Schon 1939 wurde ihr das knappe Dutzend
Ämter direkt unterstellt, die das tägliche Leben im Zwergstaat
regeln: Bahnhof, Post, Briefmarken, preisgünstiger Einkauf,
Feuerwehr, Museen, Um- und Neubauten, Rundfunk und Ge-
sundheitswesen, Wasser- und Stromversorgung, Straßenreini-
gung sowie die Pflege der päpstlichen Gärten und Villen. Diesem Kardinalsgremium untersteht auch der päpstliche Wachdienst, der etwa hundertköpfige sogenannte *Corpo di Vigilanza*, der den Straßenverkehr regelt und für die äußere Sicherheit
des Vatikanstaates und seiner Kulturgüter zuständig ist. Wenn
nicht gerade Papstaudienzen, kirchliche Großereignisse oder
Staatsempfänge anstehen, ist die Verkehrsaufsicht auf ein Mini-
mum reduziert. Da die *Vigili* ausschließlich im Innern des Vatikans Dienst tun und nur in schlichter dunkelblauer Dienstklei-
dung stecken, ist ein Dauerkonflikt mit der Schweizergarde geradezu unvermeidlich, die durch ihre exponierten Posten an den

Eingangen des Vatikanstaates und ihre farbenfrohen Uniformen
jedem ins Auge fällt.

Seit Johannes Paul II. besitzt der Vatikan sogar eine eigene
Gewerkschaft, die im Belvederehof ihren Sitz hat. Diese «Ar-
beitnehmervereinigung der Laien im Vatikan» wurde 1980 vom
Heiligen Stuhl anerkannt. Im vatikanischen Grundgesetz von
2001 wird außerdem ein seit 1989 bestehendes, personell gut
ausgestattetes Zentrales Arbeitsbüro erwähnt (Art. 18), das für
alle arbeitsrechtlichen Streitfälle zuständig ist. Zu einem Streik
gegen Seine Heiligkeit ist es bisher ansatzweise nur 1970 ge-
kommen; in päpstlichen Diensten zu stehen ist ein in Italien
hochangesehener Job, der vielfach privilegiert und begünstigt
ist, vor allem was die Einkaufsmöglichkeiten angeht. Der größte Vorteil ist wohl die Steuerfreiheit, die hauptsächlich beim
Kauf von Luxusgütern und Benzin zu erheblichen Einsparungen
führt.

Warum hat der Vatikan überlebt?

Getreu der vatikanischen «Lebensmaxime» ist der einzelne
sterblich, die Kirche aber ewig. Daher denkt der Heilige Stuhl
auch in Jahrhunderten und kann Verfolgungen, Unterdrückun-
gen, ja die Besetzung des Kirchenstaates, die etliche Male vorge-
kommen ist, auch als vorübergehende Erscheinungen verkraf-
ten. Es ist vor allem die intensiv kultivierte Tradition – sei es in
Lehre, Liturgie oder im höfischen Zeremoniell – und ein überall
prasentes Geschichtsbewußtsein, die dem Kirchenstaat inneren
Halt geben. Selbst im *Annuario Pontificio*, dem päpstlichen
Jahrbuch der Weltkirche, ist jede kirchliche Einheit und Person
mit einem knappen historischen Vorspann versehen. Verschwö-
rungen oder Umstürze hat es in der Geschichte des Vatikans selten gegeben; eher schon den gewaltsamen Tod von Päpsten und
Kardinälen. Die katholische Kirche als Institution hat sich wenn
überhaupt, dann mit einer gewissen Verzögerung selbst reformiert oder erneuert. Vor allem im 20. Jahrhundert hat die Römische Kurie einen stärkeren institutionellen und inhaltlichen
Umbau erlebt, als in den drei vorangegangenen Jahrhunderten.
Ansonsten war sie – vor allem im 19. Jahrhundert – stolz dar-

auf, der Fels in der Brandung der Neuerungen und Revolutio-
nen zu sein. Dieser Traditionsbezug wird getragen von älteren,
erfahrenen Männern; im Vatikan gibt es kaum einen Ressort-
chef unter 60 Jahren. Nicht umsonst gilt das oberste Beratungs-
gremium des Papstes als der Senat der Kirche – «Senat» kommt
vom lateinischen Begriff «senex» (Greis). Für die Bischofsweihe
gibt es sogar ein Mindestalter, das sogenannte kanonische Alter,
das bei 35 Jahren liegt. Geschichte und Geschichtlichkeit verleihen den Amtsgeschäften der Kurie eine gewisse Gelassenheit,
selbst im Ausmerzen von Mißständen.

Vielen bleibt das Verwaltungssystem der Römischen Kurie ein
Rätsel; die meisten erklären seine Unübersichtlichkeit mit seinem Alter und übersehen, daß das System keineswegs schwerfäl-
lig oder antiquiert ist, sondern sehr häufig nach rein praktischen
Gesichtspunkten weiterentwickelt wurde. Vor allem die zahlreichen Kurienreformen des 20. Jahrhunderts und die überall er-
kennbare Ausrichtung auf innerkirchliche Bedürfnisse legen
Zeugnis von der Vitalität der kirchlichen Verwaltung ab, die viel
weniger nach «ideologischen» Gesichtspunkten aufgebaut ist,
als der Außenstehende zunächst annimmt. In der Praxis sind jedoch immer noch der Papst und sein Staatssekretariat die tat-
sächlichen Entscheidungsträger.

Ein in Ungnade gefallener Prälat antwortete auf die Frage, wie
die Kirche regiert wird: «Mit Sitzfleisch, mit Orden, Titeln und
mit Geld.» Der Vatikan hat schon lange begriffen, daß Degradie-
rungen und Karrierestopps kontraproduktiv wirken. Deshalb
hat die Kirche gleich zwei Aufstiegsmöglichkeiten, die nicht
viel kosten: zum einen den Aufstieg in der Bürohierarchie, der
vielfältig möglich ist, etwa durch die Versetzung in ein anderes
Amt, die oft keinen realen Machtzuwachs einbringt. Zum anderen gibt es die sogenannte Päpstliche Familie, gestaffelt in die
Würden «Monsignore», «Päpstlicher Hausprälat» und «Apo-
stolischer Protonotar», die an der zunehmenden Violettfärbung
ihrer liturgischen Kleidung erkennbar sind. Der Bischofs- oder
Kardinalsrang ist ohnehin sehr rar; wer aber als kurialer Mitarbeiter kein Monsignore ist, der ist wahrhaftig ein blutiger An-
fänger und verfügt im Farbengewimmel des Vatikans von vorn-

herein über keine Autorität. Die Ernennung zum Päpstlichen
Hausprälaten nach fünf Jahren aufopferungsvoller Arbeit ist für
einen zölibatär lebenden Priester eine enorme Aufwertung der
eigenen Person – zumal in der Heimat eines Abruzzendorfes, wo
der Prälat leicht mit dem Bischof verwechselt werden kann.
Diese Art von Beförderung kostet den Papst nichts, sichert ihm
aber doppelte Loyalität und verstärkten Arbeitseinsatz. Laien
lassen sich durch Titel und Orden ködern, denn wer wechselt
nicht gerne von seiner angestammten bürgerlichen Existenz in
eine vermeintlich höhere gesellschaftliche Sphäre über und läßt
sich mit «Cavaliere» anreden?

Die staats- und völkerrechtliche Position des Heiligen Stuhls
seit 1929 läßt ihn auch größere Erschütterungen durchstehen,
wie die Bankenskandale der siebziger und achtziger Jahre oder
den Mord am Oberst der Schweizergarde. Diese Stabilität ist
zwar eine Grundvoraussetzung für die Unabhängigkeit und politische Unparteilichkeit der obersten Kirchenleitung, aber solche Sicherheiten wirken sich kaum vertrauensfördernd aus, erst
recht wenn es sich um eine Religionsgemeinschaft handelt, von
der heute administrative und operative Transparenz erwartet
wird.

Schließlich wird man die Frage, warum die päpstliche Kurie
überlebt hat, nicht ohne Verweis auf die theologische Dimension der Kirche beantworten können. Denn durch ihre theologische Legitimation und ihre streng hierarchische Struktur hat die
Kurie die Möglichkeit, kirchenpolitische Leitlinien von oben
nach unten zu transportieren und formierend zu wirken. Deshalb ist die Römische Kurie aber noch nicht die Weltkirche en
miniature, da zentripetale Kräfte immer wieder wirksam werden (Vaticanum II, Heiligsprechungen etc.).

2. Die Römische Kurie

Die Kurie als Zentralverwaltung der Weltkirche, die nicht mit den administrativen Einrichtungen für den Vatikanstaat verwechselt werden darf, gliedert sich nach der letzten Kurienreform von 1988 grob in fünf hierarchisch gestaffelte Sektoren: das päpstliche Staatssekretariat, die neun Kongregationen, die drei Gerichtshöfe, die elf Päpstlichen Räte und die drei Büros für wirtschaftliche Angelegenheiten (Apostolische Kammer etc.). Die Amtsstuben befinden sich heute nur zu einem sehr geringen Teil im Vatikan, die meisten liegen in Rom auf exterritorialem Gelände, etwa im Komplex *San Calisto* in Trastevere oder in den Propyläen am Fuße des Petersplatzes. All diesen Behörden – Dikasterien genannt – ist eigen, daß sie eigentlich nicht für den Besucherverkehr konzipiert sind. So, wie die Kurialverwaltung im allgemeinen nahezu lautlos und geheim agiert, so ist auch kein öffentlicher Zugang zu den Büros erwünscht. Auch einen Zimmerbelegungsplan sucht man in jedem päpstlichen Dikasterium vergebens. Will man die «Hochsicherheitszone» Staatssekretariat im Apostolischen Palast aufsuchen, muß man sich anmelden und von mehreren Schweizergardisten bis vor die Türe geführt werden. Reporter in bischöflicher Verkleidung, die die «geheime Welt» des Vatikans ausspionieren wollen, werden fast halbjährlich enttarnt.

Das Staatssekretariat

Dieses wichtigste Dikasterium der Römischen Kurie kann ohne weiteres als Schaltzentrale des Heiligen Stuhls und des Vatikanstaats bezeichnet werden. Das gilt sowohl für die diplomatischen Beziehungen zum Ausland und die Bischofsernennungen als auch für die finanzielle Situation des Zwergstaates und die Medienarbeit des Papstes: Das Staatssekretariat, dem der einfluß-

reichste Kardinal der Kirche als Leiter vorsteht, hat nahezu überall nach dem Pontifex die höchste Entscheidungskompetenz.
Nicht umsonst gilt der Kardinalstaatssekretär als *alter ego* des
Papstes, was ihn in der Weltkirche nicht automatisch zu einer
beliebten Persönlichkeit macht: In der Kirchengeschichte liest
man nur sehr selten, daß dieser bedeutendste Purpurträger auch
zum Papst gewählt worden ist, wobei die an der Kurie tätigen
Kardinäle ohnehin wenig Chancen haben, den Stuhl Petri zu besteigen. Nicht nur durch seinen Einfluß ist er aus der Riege dieser
Kurienkardinäle herausgehoben, auch institutionell steht er über
den Kardinalpräfekten der Kongregationen: Er genießt das besondere Vertrauen des Papstes, mit dem er unter einem Dach
wohnt, vertritt ihn bei wichtigen Anlässen, empfängt Staatsoberhäupter und konferiert mit dem diplomatischen Personal, ja
handelt mit den Staaten Verträge (Konkordate etc.) aus, die er im
Namen des Heiligen Stuhls auch unterschreibt. Seit Paul VI. ist
eine zunehmende Zentralisierung aller wichtigen kurialen Funktionen in den Händen des Staatssekretariats zu beobachten. Dadurch werden auseinanderlaufende und widerstreitende Tendenzen in der Kurialverwaltung neutralisiert, was vor allem durch
die Aufblähung der päpstlichen Administration seit den sechziger Jahren tatsächlich erforderlich geworden ist. Seit 1967 beruft der Kardinalstaatssekretär wie ein Premierminister alle Vorsteher von Dikasterien im Kardinalsrang zu Mitarbeiterversammlungen, um Informationen auszutauschen und die kuriale
Arbeit zu koordinieren. Er wird nicht wie die Präfekten oder andere Leiter päpstlicher Behörden auf fünf Jahre bestellt, sondern
bleibt bis zum Tod des Papstes bzw. bis zu seiner Ablösung –
meist aus Altersgründen – im Amt.

Ähnlich wie die einflußreiche Glaubenskongregation zählt
auch das Staatssekretariat zu den relativ jungen Einrichtungen
der Kurie. Aus der *Camera secreta* Martins V. (1417–1431), die
aus mehreren Sekretären für die zügige Erledigung der vertraulichen diplomatischen Korrespondenz des Papstes bestand, entwickelte sich im 16. und 17. Jahrhundert nach der allmählichen
politischen Neutralisierung der Papstfamilie (Nepotismus) ein
straff gegliedertes und effizient arbeitendes Büro, das für den

Papst die Kirchenpolitik erledigte. Diese nach administrativen Prinzipien organisierte Einrichtung hat im Laufe der Jahrhunderte etliche Umstrukturierungen und Anpassungen an die Erfordernisse der Kirchenverwaltung erfahren, zuletzt 1988.

Die *erste Sektion* für die sogenannten Allgemeinen Angelegenheiten widmet sich den täglichen Geschäften des Papstes als tatsächliches Sekretariat: Alle aus der Kurie ausgehenden Schreiben, seien es Bischofsernennungen, Enzykliken oder einfache päpstliche Rundschreiben, werden hier nach Prüfung und Endredaktion an die Adressaten versandt. Das vielschichtige Ressort koordiniert und überwacht außerdem die Arbeit aller übrigen kurialen Dikasterien, weist den päpstlichen Behörden Kompetenzen zu, erstellt Statistiken und steuert die Medienarbeit des Heiligen Stuhls. Hinzu kommt die innerkirchliche Leitung der päpstlichen Vertretungen im Ausland mit ihrem Kontakt zur jeweiligen Ortskirche. Hier finden auch die Gespräche und Verhandlungen des Heiligen Stuhls mit dem bei ihm akkreditierten diplomatischen Korps statt. In diese Sektion sind die Abteilungen für acht Sprachen (Französisch, Englisch, Italienisch, Deutsch, Spanisch, Portugiesisch, Latein und Polnisch) eingegliedert, die den entsprechenden Postein- und -ausgang bearbeiten. Jede dieser Abteilungen besteht aus etwa drei Mitarbeitern des jeweiligen Sprachgebiets.

Die *zweite Sektion* des Staatssekretariats, das außenpolitische Ressort für die Beziehungen zu den Staaten, ist das ausführende Organ der päpstlichen Diplomatie. Alle Fragen, die das Verhältnis des Vatikans zu internationalen Völkerrechtssubjekten und Institutionen sowie das öffentliche Interesse des Papstes an Kongressen und Verhandlungen betreffen, werden hier behandelt. Diese Abteilung ist ebenfalls für Rücksprachen bei Bischofsernennungen in solchen Ländern zuständig, mit denen eine Konkordatsbindung besteht. In dieser Sektion arbeitet auch ein Großteil des diplomatisch ausgebildeten Personals (Nuntiaturräte, -auditoren und -sekretäre), das jederzeit an die päpstlichen Vertretungen in aller Welt entsandt werden kann.

Für die immense Bedeutung des Staatssekretariats, das in direkter Nähe zum Papst beim Apostolischen Palast unterge-

bracht ist, spricht ferner der große Mitarbeiterstab; derzeit sind
es etwa 145 Personen, zu denen noch die auswärtigen Kräfte
kommen, die sogenannten Konsultoren. Die eigentliche Arbeit
wird von Angestellten minderen Grades, den Minutanten, Sekretären, dem technischen Personal und den Schreibern erledigt. Vor allem bei den letzten beiden Gruppen trifft man auf
zahlreiche Laien, darunter auch Frauen. Im Staatssekretariat
gibt es nichts, was nicht geheim wäre. Die Mitarbeiter sollen
nicht einmal erzählen, in welcher Abteilung sie sitzen und mit
welchen Angelegenheiten sie zu tun haben – schon deswegen,
weil es dort jeweils einen Beamten zur Kontrolle einer anderen
päpstlichen Behörde gibt. Verständlicherweise werden diese
nach einer bestimmten Zeit auf eine andere Stelle versetzt.

Die Kongregationen

Von der zunehmenden Verschriftlichung der Verwaltungsvorgänge im 15. Jahrhundert und der Ausweitung des politischen
Aktionsradius der italienischen Kleinstaaten profitierte auch
die kuriale Administration, die neben ihrer geistlichen Verwaltung auch die weltliche Herrschaft Mittelitaliens organisieren
mußte. Bis ins 16. Jahrhundert wurden die wichtigsten aktuel-
len Fragen von den Kardinälen vorbereitet und im Beisein des
Papstes diskutiert, der schließlich eine Entscheidung fällte. Solche Kardinalskommissionen traten je nach Anlaß zusammen
und lösten sich nach der päpstlichen Beschlußfassung in der Regel wieder auf. Eine Änderung im Verwaltungsgebaren trat erst
mit Paul III. (1534–1549) ein, der im Jahre 1542 ständige Kommissionen einrichtete, die als Kardinalskongregationen (von lat.
congregatio = Zusammenkunft) bezeichnet wurden. Da sie im
päpstlichen Auftrag arbeiteten, wurde ihnen sogar der Titel
«heilig» verliehen, der bis 1979 im Gebrauch war. So kam es,
daß die 1588 gegründete Kongregation für die Gewässer und
Straßen des Kirchenstaates, die für die Instandsetzung der Was-
serleitungen und Brücken sowie für die Trockenlegung der pon-
tinischen Sümpfe zuständig war, ebenso «heiligmäßig» wirkte
wie die Heilige Inquisition (auch Heiliges Offizium genannt),

die 1542 als älteste Kongregation eingerichtet wurde, um das
Glaubensgut zu schützen und die altkirchliche Moral zu vertei-
digen. Verständlicherweise hat die konfessionelle Auseinandersetzung zu einer Vergrößerung des Verwaltungsaufwandes vor
allem im geistlichen Bereich der Römischen Kurie geführt. Dem
geistlichen Zentralorgan, dem Heiligen Offizium, das 1965 in
die uns bekannte Kongregation für die Glaubenslehre umbe-
nannt wurde, folgten 1564 die Konzilskongregation, die die Beschlüsse des für die katholische Reform zentralen Trienter Konzils umsetzen sollte, sowie 1571 die Indexkongregation, die das
Schriftgut auf Häresien und moralische Integrität prüfte. Der
bis 1965 in Gebrauch gebliebene, ständig aktualisierte *Index
librorum prohibitorum* (Verzeichnis verbotener Bücher) nahm
hier seinen Ausgang.

Diese Entwicklung gipfelte in der päpstlichen Konstitution
Immensa aeterni Dei vom 22. Januar 1588, die als Geburtsstunde der modernen Römischen Kurie gilt. Sixtus V., der in nur
fünf Jahren Rom urbanistisch umgestaltete und der päpstlichen
Verwaltung eine prinzipiell bis heute funktionierende Grund-
struktur verlieh, rief 15 ständige Kardinalskongregationen ins
Leben, indem er bereits bestehende reorganisierte und neue
gründete, die sowohl für die profane Verwaltung des Kirchenstaates als auch für die geistliche Leitung der Weltkirche zuständig sein sollten. Außerdem legte der hyperaktive Papst genaue
Normen für ein kontinuierliches und geordnetes Wirken fest.
Mit den Jahren entwickelten sich aus den regelmäßigen Kar-
dinalsversammlungen, denen ein Präfekt vorstand, effizient arbeitende Behörden mit einem sich allmählich heranbildenden
festen Beamtenstab. Die eigentliche Arbeit wurde damals von
Klerikern aus dem persönlichen Umfeld jedes Kardinals geleistet, die nicht eigens besoldet werden mußten. Heute sind es
Priester und Laien aus aller Welt, zu denen noch auswärtige
Mitarbeiter und Gutachter kommen, sogenannte Konsultoren
und *Periti*, also Sachverständige. Ist beispielsweise eine nicht zu
erklärende Heilung in der Heiligsprechungskongregation zu
untersuchen, so werden Ärzte und Humanbiologen um ein Gut-
achten gebeten.

Je nach Bedarf wurden im Laufe der Jahrhunderte neue Kongregationen gegründet und veraltete aufgelöst, wobei es bis ins 20. Jahrhundert sehr häufig zu einem Kompetenzwirrwarr und zu administrativen Streitigkeiten kam. Die größte Zäsur bildete der endgültige Verlust des Kirchenstaates 1870, auf den das Papsttum aber erst mit der großen Kurienreform von 1908 reagierte. Die heutige Gestalt der vatikanischen Administration geht auf die letzte große Reform vom 28. Juni 1988 (*Pastor Bonus*) zurück, die die Zahl der Kongregationen auf neun festlegt hat. Diese geistlichen Behörden, staatlichen Ministerien vergleichbar, jedoch mit einem wesentlich geringeren Mitarbeiterstab (um die 25 Kuriale) und mit weniger Eigenverwaltung, erledigen heute für den Papst die geistliche Verwaltung der Weltkirche. Die Beschlüsse fallen immer noch innerhalb eines eigens zusammengerufenen Gremiums, das aus Kardinälen und seit Paul VI. aus Ortsbischöfen aus aller Welt besteht. Die Entscheidungen, die häufig unter dem Vorsitz des Papstes zustande kommen, werden von diesem auch approbiert, meist aber in Form von Dekreten vom Präfekten der zuständigen Kongregation nur scheinbar eigenverantwortlich unterschrieben.

Die prominenteste der neun Kongregationen ist unzweifelhaft die für die Glaubenslehre – nicht weil sie die älteste ist, sondern vor allem wegen ihres theologischen Gewichts. In der Vergangenheit, besonders im 17. Jahrhundert, hat sie im wahrsten Sinne des Wortes für Furore gesorgt, da sie nach der Verurteilung von wahren oder vermeintlichen Irrlehrern (Giordano Bruno, Galileo Galilei etc.) häufig genug Menschen auf den Scheiterhaufen schickte. Sie hat auch dem Papst selbst doktrinäre Fesseln für sein Kirchenregiment angelegt, da sie für sämtliche den Glauben betreffende Fragen zuständig war und ist. Ihre Präfekten waren gerade in jener Zeit herausragende Gelehrte, wie Roberto Bellarmino, die vom Glaubensfanatismus ihrer Zeit zu ruheloser Arbeit und drakonischen Strafen angetrieben wurden. Hinzu kam, daß das Heilige Offizium im Laufe der Zeit weitgehende Vollmachten und Befugnisse anhäufte: von Fasten- und Abstinenzgeboten bis zur Exkommunikation von Personen, die einzelne Dogmen nicht im Einklang mit der katholischen Kir-

che auslegten. Zu den spektakulärsten Fällen der Nachkriegs-
geschichte gehörte der Entzug der Lehrbefugnisse der Theologie-
professoren Hans Küng (1980) und Eugen Drewermann (1991).
Entgegen dem immer wieder zu hörenden Vorwurf, der polnische Papst forciere die Zentralisierung der Kirche, umschrieb
Johannes Paul II. das Wirken der Kongregation als subsidiär gegenüber dem Episkopat: Sie helfe «den Bischöfen bei der Erfül-
lung ihrer Aufgabe, die als authentische Lehrmeister des Glaubens bestellt und deswegen gehalten sind, die Integrität dieses
Glaubens zu hüten und zu fördern». Diese positive Charakteri-
sierung als doktrinale Graue Eminenz spiegelt die reale Praxis
der römischen Behörde jedoch nur unzureichend wider. Seit
1978 zog sie mehr und mehr Entscheidungsbefugnisse der Ortskirchen an sich. Vermutlich hat die nicht enden wollende Kritik
an dieser hochrangigen Kongregation dazu geführt, den theologischen Dialog mit den Lokalkirchen in aller Welt zu intensivie-
ren, indem man Behördenvertreter zu Begegnungen mit Wissenschaftlern und Bischöfen in alle Teile der Welt schickte, um sich
über die dortige theologische Diskussion, über neue ethische
Fragen und über die gesellschaftliche Problematik vor Ort zu informieren. Gelernt hat die Kongregation offenbar auch aus dem
Fall Küng: Mittlerweile liegt eine neue Verfahrensordnung für
Prozesse über irrige Lehrmeinungen vor, die dem «Angeklagten»
das bis in die achtziger Jahre verwehrte Recht einräumt, sich
mündlich und schriftlich zu rechtfertigen. Er hat jetzt außerdem
die Möglichkeit, die beanstandeten Passagen zu korrigieren oder
seine Druckwerke aus dem Handel zu ziehen. Neu ist auch, daß
Sanktionen wie Kirchenstrafen mit dem zuständigen Orts-
bischof oder der Bischofskonferenz abgestimmt werden. Die Be-
weislast liegt jedoch immer noch beim Angeklagten; ein Verdacht oder eine Anzeige genügt, um ein Verfahren in Gang zu
setzen. Aber auch in Rom gilt: Wo kein Kläger ist, ist auch kein
Richter! Bei der Vielzahl des von den Nuntien eingesandten Ma-
terials, das häufig den Anstoß zu einem Lehrbeanstandungsver-
fahren gibt, ist es den obersten Glaubenswächtern kaum möglich, alle oder auch nur die deutlichsten theologischen Verfehlungen gegen Doktrin oder Moral weltweit zu ahnden.

Für die besondere Bedeutung der Glaubenskongregation
spricht außerdem, daß ihr alle Urteile anderer päpstlicher Behörden zur Prüfung vorgelegt werden müssen, insofern diese
die Glaubens- und Sittenlehre betreffen, damit theologische
Einheitlichkeit bei allen Äußerungen der Kurie sichergestellt ist.
Tatsächlich kam es in den letzten Jahren immer wieder zu
«Störfeuern» aus dem Heiligen Offizium – weniger wegen des
theologischen Inhalts als wegen der Form oder der verstimmen-
den Schärfe der Dekrete. So hat der damalige Kardinalstaatssekretär Agostino Casaroli dem Papst mit Rücktritt gedroht, als
eine Instruktion der Glaubenskongregation vom September
1984 die marxistisch inspirierte Theologie der Befreiung deutlich verurteilte und damit die jahrzehntelange Arbeit des Staatssekretärs gefährdete, der einen praktikablen Modus vivendi für
die Kirche im Ostblock angestrebt hatte. In einem bislang beispiellosen Fall distanzierte sich Casaroli sogar öffentlich von
der besagten Instruktion, die sein Lebenswerk unterminierte.
Letztes, von einer breiten Öffentlichkeit wahrgenommenes
Beispiel mangelnder innerkurialer Absprache war das Dekret
Dominus Jesus aus dem Jahr 2000, das den evangelischen Glau-
bensgemeinschaften nicht mehr das Prädikat einer «Kirche» zu-
gestehen will. Nicht nur die für den ökumenischen Dialog
in Rom verantwortlichen Monsignori zeigten sich erbost, sondern vor allem die evangelischen Kirchen in Deutschland,
die von einem Rückfall hinter das Zweite Vatikanische Konzil
(1962–1965) sprachen.

Die Kongregation für die Bischöfe genießt einen großen Be-
kanntheitsgrad, da sie durch die Auswahl von neuen Ortsober-
hirten große innerkirchliche Bedeutung besitzt. Das gilt jedoch
nur für etwa zwei Drittel aller Diözesen; in den übrigen Fällen
fällt die Kompetenz an die Kongregation der *Propaganda Fide*
und die der Orientalischen Kirchen. Die Bischofskongregation bearbeitet nicht nur die Ernennung der lokalen Oberhirten,
Weihbischöfe, Koadjutoren und Vorsteher von kirchlichen
Jurisdiktionsbezirken; neben der weltweiten Organisation der
Militärseelsorge, der Errichtung und Auflösung von Kirchen-
sprengeln überwacht sie auch die Arbeit der Ortsbischöfe und

schreitet mit Visitationen ein, wenn Unregelmäßigkeiten oder Verfehlungen in Lehre, Kirchendisziplin und Finanzfragen auftauchen. Nach einem Regelverstoß werden alle davon betroffenen päpstlichen Behörden konsultiert, so daß der Papst schließlich entscheiden kann, ob der jeweilige Bischof abberufen oder durch einen Koadjutor entmachtet wird. Der außerordentliche Einfluß dieser Kongregation ist auf viele Schultern verteilt. Nicht umsonst hat die Bischofskongregation das größte und am stärksten international zusammengesetzte Leitungsgremium, bestehend aus etwa 40 Kardinälen und Ortsbischöfen aus allen Erdteilen. Vor allem Oberhirten aus Lateinamerika, wo etwa die Hälfte der Katholiken leben, besitzen dort ein gewichtiges Mitspracherecht; sie sind zusätzlich in einer angegliederten *Päpstlichen Kommission für Lateinamerika* vertreten.

Für die Mission ist die 1622 gegründete Kongregation der *Propaganda Fide* zuständig, deren harmloser Titel kaschiert, daß sich die Behörde mit so ziemlich jedem menschlichen und kirchlichen Problem herumschlagen muß. Ihre Zuständigkeit erstreckt sich über etwa ein Drittel der Weltkirche, vorwiegend über Asien und Afrika, wo die junge Kirche noch nicht die organisatorische Festigkeit besitzt wie in anderen Teilen der Welt. Die Behörde, die wegen ihres Machtpotentials vom sogenannten «roten Papst», dem Kardinalpräfekten, geleitet wird, koordiniert und überwacht die Missionstätigkeit der Welt- und Ordensgeistlichen, schlägt dem Papst geeignete Bischofskandidaten vor und sorgt sich um den Nachwuchs und die Ausbildung von einheimischen Priestern. Die Heranbildung von Katecheten sowie die Organisation von zahlreichen Schulen und medizinischen Einrichtungen in der Dritten Welt fallen ebenfalls in ihren Zuständigkeitsbereich. Das alles verschlingt Unsummen von Geld, für die die Kongregation eine eigene Finanzverwaltung hat, damit die meist zweckgebundenen Spenden, die nicht der Verfügungsgewalt des Papstes unterliegen, ihrer Bestimmung zugeführt werden. Koordination gehört damit auch zur Haupttätigkeit der Behörde, vor allem in der Zusammenarbeit von nationalen und internationalen Missionswerken. Verständlich, daß die großen Ordensgemeinschaften, die immer noch das

Gros der Missionare stellen, ein wichtiges Wort in der *Propaganda Fide* mitzureden haben!

Breitere Bekanntheit besitzt auch die Kongregation für die Selig- und Heiligsprechung, die 1969 aus einer Abteilung der aufgehobenen Ritenkongregation entstand. Mit diesem eigentlich sehr überschaubaren Aufgabenbereich sind die etwa 25 festangestellten Mitarbeiter vollauf ausgelastet, denn die Inflation von immer neuen Seligen und Heiligen, deren Beatifikation und Kanonisation häufig an päpstliche Pastoralvisiten im Ausland geknüpft sind, übersteigt allmählich das Arbeitspensum der Behörde. Außerdem finden feierliche Selig- und Heiligsprechungen vor allem in den Monaten Mai und Oktober sonntags auf dem Petersplatz statt. Von den insgesamt etwa 2000 anhängigen Verfahren können nur einige ausgewählte zum Abschluß gebracht werden. Die «Präferenzliste» wird im Staatssekretariat ausgearbeitet, und der Papst gibt beim Abendessen gezielt Fingerzeige, welchen Kandidaten er zur Ehre der Altäre befördern will und wie: Als Märtyrer oder als Bekenner, wenn kein gewaltsames Lebensende vorliegt. Und auch hier ist Geld im Spiel; die Päpste haben seit dem 18. Jahrhundert immer wieder per Dekret versucht, den römischen Usus der Geschenke und Trinkgelder zu reglementieren. Verschwunden ist er bis heute nicht. Die Untersuchung des Lebensschicksals, der Tugenden und Schriften, der Wunder und der Verehrung des Kandidaten erfolgt nach den harten Maßstäben einer Strafprozeßordnung. Kaum ein Kandidat hat diese Prozedur ohne päpstliche Gnadenerweise überstanden, nicht wenige mußten daher einige hundert Jahre auf den «richtigen» Papst warten, der das Verfahren zum erfolgreichen Abschluß brachte. Und keine Selig- und Heiligsprechung ist ohne heftige öffentliche Dispute und Proteste über die Bühne gegangen: Prominente Fälle der jüngsten Zeit sind die des umstrittenen Papstes Pius IX. (1999) und des Opus-Dei-Gründers José Maria Escriva (2002), der in einer rekordverdächtigen Zeit von zehn Jahren zur Ehre der Altäre erhoben wurde. Aber auch der Druck der Straße setzt sich nach dem Motto *Vox populi vox Dei* nicht selten sogar gegen die Widerstände der Kongregation durch, wenn nur der Papst mitspielt:

Als bekannteste Beispiele gelten der süditalienische Kapuziner Padre Pio und Mutter Teresa aus Kalkutta.

Die anderen Kongregationen treten in den außerkirchlichen Medien kaum in Erscheinung. Hin und wieder hört man von der Klerus- oder der Sakramentenkongregation, die über die Laisierung von Priestern oder die Ungültigkeit von Ehen entscheidet, die allerdings nur der Papst aussprechen kann. Für den Ausbildungssektor (Schule, Seminar und Hochschule) ist die Kongregation für das katholische Bildungswesen zuständig. Selbstverständlich muß es auch eine Kongregation für das Ordenswesen geben, die über die Ausbildung, Verwaltung und Regeltreue der Mitglieder von Orden und Säkularinstituten wacht sowie die Integration ihres spezifischen Auftrags in die Aktivität der Kirche kontrolliert. Die kaum in Erscheinung tretende Kongregation für die Orientalischen Kirchen ist eine der jüngsten päpstlichen Oberbehörden. Hier laufen alle Stränge zusammen, wenn es um das kirchliche Leben der mit Rom verbundenen Kirchen des Ostens geht, welche ihre eigene Liturgiesprache und ihren eigenen Ritus haben. Möglichkeiten und Grenzen von Inkulturation auszuloten ist ihre Hauptaufgabe.

Gerichtshöfe

Die Rechtspflege ist fast so alt wie das Papsttum, denn in einer Institution, die von Menschen für Menschen geleitet wird, entstehen in allen Bereichen Streitfälle. Das Prestige des Kirchenrechts, das in der ersten Hälfte des 20. Jahrhunderts einen geradezu einmaligen Höhepunkt in der Kirchengeschichte erlebte, ist seit dem Zweiten Vatikanischen Konzil hinter den Primat der Seelsorge zurückgetreten. Dennoch gibt es sie noch heute, die obersten Gerichtshöfe des Vatikans, zu denen eigentlich auch die Glaubenskongregation gerechnet werden muß.

Der älteste und bekannteste Gerichtshof ist die *S. Romana Rota*, deren dunkle Anfänge bis weit ins Hochmittelalter zurückreichen. Sie ist vor allem als letzte (zweite oder dritte) Instanz bei Ehenichtigkeitsprozessen bekannt geworden. Geht es um Lebensbünde von Fürstenhäusern oder ähnliches, wird sie sofort um ein Urteil angerufen. Die Entscheidungsfindung erfolgt kollegial und ganz ohne Kardinäle; auch ist die Rota längst keine Männerdomäne mehr. Sehr häufig läßt man sich nach katholischer Manier Zeit, denn nach Talleyrand sind Probleme, die man aufschiebt, dadurch schon halb gelöst. Die Richter sind hochqualifizierte Juristen, die vor der Einstellung gleich von mehreren vatikanischen Behörden «durchleuchtet» werden. Die immer wieder kritisierte Geheimhaltung ist auch hier oberstes Gebot. Durch die absolute Verschriftlichung des Verfahrens bekommen die Richter die Kläger bzw. Antragsteller nie zu Gesicht, ja diese laufen sogar anonym unter «N. N.» oder einer Aktennummer, um jedes Ansehen der Person zu vermeiden. Jedes Urteil wird ohne Namensnennung nach zehn Jahren veröffentlicht. Wenn sich die Rota auch hauptsächlich mit Ehesachen beschäftigt, die in den letzten Jahrzehnten großzügig im Sinne des Antragstellers gehandhabt werden, so ist ihr Zuständigkeitsbereich viel weiter gesteckt: Sie gilt für alle kirchenrechtlichen Fälle als Berufungsgericht. Ihr ist außerdem die Rechtsprechung über Bischöfe, Ordensobere und alle dem Papst direkt unterstellten Personen vorbehalten.

Eine Art Bundesgerichtshof ist die Apostolische Signatur, die selbst den allermeisten Katholiken eine unbekannte Größe ist, da die zwölf Kardinäle, die dieses oberste Berufungtribunal bilden, relativ selten zusammentreten. Die Signatur wacht mit ihren drei Sektionen über die korrekte Ausübung der Gerichtsbarkeit in der Kirche, entscheidet also über Nichtigkeitsbeschwerden, Anträge auf Wiedereinsetzung in den vorigen Stand und Beschwerden gegen Rota-Urteile oder Richter. Sie kann bei Kompetenzkonflikten und Verwaltungsstreitigkeiten vom Papst oder von den Kurienbehörden angerufen werden.

Das dritte oder eigentlich erste päpstliche Tribunal ist die Apostolische Pönitentiarie, die nun tatsächlich ein geistlicher Gerichtshof ist. Unter absoluter Geheimhaltung fällt es fast ausschließlich «Freisprüche». Da es sich um den Gewissensbereich handelt, wird der Persönlichkeitsschutz (Beichtgeheimnis) unter allen Umständen gewahrt. An der Pönitentiarie werden Konflikte mit dem Kirchengesetz verhandelt, etwa Ehehindernisse,

Befreiung von Eiden, Irregularitäten oder von denjenigen Kirchenstrafen, die dem Papst vorbehalten sind. Damit kommt ihr
auch die Sanierung von ungültigen Ordensgelübden oder un-
rechtmäßigen Übertragungen von Ämtern und Benefizien zu
oder ganz schlicht die Beseitigung von Gewissensbissen. Sehr
häufig befaßt sie sich mit der Lossprechung von Sünden und
Beugestrafen, die ebenfalls dem Kirchenoberhaupt reserviert
sind. Bei weniger gravierenden Fällen wird ein dreiköpfiger Kongreß aktiv, bei größerem Schwierigkeitsgrad treten Prälaten unter dem Vorsitz des Kardinal-Großpönitentiars zusammen.
Beide Gremien, die von allen Gläubigen kostenlos und sogar
anonym angerufen werden können, verhandeln so namenlos
wie die Rota-Richter.

Die Päpstlichen Räte

Da das Zweite Vatikanische Konzil das Selbstverständnis der
Kirche und des kurialen Arbeitens entscheidend verändert hatte, entschloß sich Paul VI., der päpstlichen Verwaltung durch
eine umfassende Kurienreform ein neues Gesicht zu geben. Der
berühmt gewordene Begriff des *aggiornamento*, der Anpassung
des kirchlichen Lebens an die Erfordernisse der Zeit, sowie die
Kernaussage Pauls VI. auf der letzten Sitzungsperiode des Konzils: «Alle menschlichen Dinge sind unsere Sorge», lieferten die
Leitlinien für den grundlegenden Umbau des päpstlichen Ver-
waltungsapparats. Klerikale Selbstbespiegelung und die Reduk-
tion der Welt auf kirchliche Funktionen sollten ein Ende finden.
Hierzu wurde eine ganz neue Behördenstruktur kreiert: die elf
Päpstlichen Räte, die teilweise aus den kurz vor dem Konzil ins
Leben gerufenen Kommissionen hervorgegangen sind. Diesen
Räten, die keine Regierungsgewalt ausüben, sondern anregen,
vordenken, fördern und sensibilisieren sollen, steht ein Präsident vor, der nicht unbedingt im Kardinalsrang stehen muß. Im
Prinzip sind die Räte nur als subsidiäre Einrichtungen für die
alteingesessenen Dikasterien zu verstehen, um die pastorale Tätigkeit der Kirche effizienter und zeitgemäßer zu gestalten und
aktuelle Probleme deutlicher zu erkennen. Das Motto ihrer Ar-

beit lautet «Studium und Dialog», obgleich sie in der Öffentlichkeit kaum wahrnehmbar sind. Ihre eindeutige Hinordnung auf das Staatssekretariat und die Kongregationen führt jedoch häufig zu Kompetenzstreitigkeiten sowie zu häufig veränderter Abgrenzung von Arbeitsbereichen. Selbst diese elf Räte, wie alles im Vatikan, sind untereinander hierarchisch geordnet. Ausgerechnet an letzter Stelle steht der nahezu bedeutungslose Päpstliche Rat für die sozialen Kommunikationsmittel, der an anderer Stelle vorgestellt wird.

Aufgrund der gewachsenen Wertschätzung von Laientätigkeit auf dem Konzil wurde 1967 der *Päpstliche Rat für die Laien* ins Leben gerufen, der sich laut Satzung darum kümmert, daß die Ordnung der Welt durch die Nichtkleriker mit christlichem Geist durchdrungen wird. Er fördert außerdem internationale Zusammenschlüsse von Laienorganisationen und billigt deren Statuten. Die wachsende Bedeutung des ökumenischen Dialogs und des Gesprächs mit den Weltreligionen nach dem Konzil führte zur Gründung der Trias: *Rat zur Förderung der Einheit der Christen, Rat für den interreligiösen Dialog* und *Rat für den Dialog mit den Nichtglaubenden*, die bereits zwischen 1960 und 1965 als Sekretariate eingerichtet wurden. Dem Einheitsrat, der vorrangig Kongresse und internationale Initiativen zur Förderung der Ökumene beobachtet und an der Umsetzung der Konzilsdekrete in die Praxis interessiert ist, wurde 1974 eine selbständig arbeitende Kommission für das Judentum angegliedert, die die Beziehungen zwischen Christen und Juden fördern soll und in den letzten Jahren für etliche Schlagzeilen gesorgt hat. Neben Behörden für die Familie, für die Migrantenseelsorge, für soziale Gerechtigkeit, Frieden und Menschenrechte (*Iustitia et Pax*), für die Koordination von karitativ-humanitären Spenden (*Cor Unum*) und für die Interpretation und Koordination kirchlicher Gesetzestexte ist der jüngste *Rat für die Kultur* vielleicht der kurioseste: Die 1993 reformierte Behörde unter der Leitung eines Kardinals befaßt sich in zwei Sektionen mit der Erarbeitung von Denkschriften, Aufrufen und anderem theoretischem Schriftwerk, das die kulturellen Aktivitäten des Heiligen Stuhls, den Dialog mit den Atheisten und das Verhältnis von Glaube und Kultur zum Thema hat. Trotz dieser hochtrabend theoretischen, vielfältigen Aufgabenstellung, bleibt dem Kulturrat nur sehr wenig Handlungsspielraum, da er bei beinahe allen kirchlichen Sachfragen mit der Entscheidungs- und Beratungskompetenz mindestens einer Kongregation kollidiert.

3. Die päpstliche Bürokratie

Die wichtigsten Entscheidungen, die den Durchschnittskatholiken am ehesten interessieren, fallen im Staatssekretariat und in den Kongregationen – allesamt Institutionen, die in der frühen Neuzeit entstanden sind. Das bedeutet nicht, daß die päpstliche Verwaltung eine neuzeitliche Erfindung ist; gerade die Römische Kurie mit ihrer ununterbrochenen schriftlichen Tradition seit dem Frühmittelalter weist in den administrativen Grundstrukturen (Finanz- und Urkundenwesen) ein Alter auf, das keine Verwaltung eines anderen Staates zu bieten hat. So gehen beispielsweise die Ursprünge der päpstlichen Kanzlei und der noch heute bestehenden Apostolischen Kammer auf das 4. Jahrhundert zurück.

Zum Persönlichkeitsprofil
vatikanischer «Bürokraten»

Die Kurienarbeit hat im 20. Jahrhundert die größten Veränderungen ihrer Geschichte erlebt. Seit 1967 wird ein Kleriker nur für fünf Jahre in einer Kongregation angestellt, wobei dieses Quinquennium verlängert werden kann. Außerdem legte Paul VI. größten Wert darauf, daß die kurialen Mitarbeiter aus verschiedenen Diözesen der Welt kommen, um über mehr lokale Fachkompetenz zu verfügen und die Internationalität der Kurie sichtbar zu machen. Wegen des Priestermangels ist das immer noch ein Desiderat. In den letzten Jahrzehnten werden mehr und mehr Laien – auch weibliche – in der Kurienarbeit eingesetzt, wofür neue arbeitsrechtliche Voraussetzungen geschaffen werden mußten. Im Jahre 2002 arbeiteten für den Heiligen Stuhl 1564 Laien und nur 744 Diözesan- bzw. 351 Ordenspriester. Das Verhältnis von Laien und Klerikern, die beim Vatikanstaat angestellt sind, zeigt die Entklerikalisierung noch deutlicher: 1432 Laien gegenüber 75 Geistlichen. Laien- bzw. weibliche Mitarbeiter haben jedoch an der Entscheidungsfindung keinen Anteil. Büroarbeit wird abgesehen von Dienstagen und Donnerstagen nur am Vormittag geleistet, um den Priestern an den «freien» Nachmittagen Gelegenheit zur Seelsorge in der Stadt zu verschaffen. Dieser für eine Kirchenbehörde sicherlich richtige Konnex von pastoraler und administrativer Tätigkeit wird in der Realität häufig nur vordergründig verwirklicht. (Auf der anderen Seite bringt es die äußerst dünne Personaldecke einer Kongregation mit sich, daß etliche dienstliche Angelegenheiten, wie die Informationsbeschaffung bei ausgefallenen Fragen – von der es in der weltweit agierenden Kurie eine Menge gibt –, außerhalb der Dienstzeit erledigt werden.)

Loyalität vor allem gegenüber dem Papst ist oberstes Gebot. In jeder Amtsstube befindet sich ein meist vergilbtes Bild von Johannes Paul II. aus seinen besten Tagen, ferner auf dem Schreibtisch eine persönliche Ablichtung mit dem Papst, den man selbst kaum zu Gesicht bekommt. Sogar stadtrömische ambitionierte Pfarrer lassen in ihre Sonntagspredigt gerne Worte aus jüngsten päpstlichen Ansprachen einfließen – vielleicht hört sie ja ein einflußreicher Kurienbischof! Geheimhaltung, wie sie in jeder Amtsstube der Welt erforderlich ist, wird schon aus Gründen der seelsorglichen Diskretion großgeschrieben, aber faktisch kaum eingehalten. Ein Monsignore bezeichnete den Vatikan einmal als das größte Klatschnest Italiens – intern! Denn wer als Außenstehender über keine persönlichen Beziehungen zu den *Vaticanisti* verfügt, für den dringt erstaunlich wenig über die hohen leoninischen Mauern.

Fachliche Qualifikation ist für einen Kleriker nicht die entscheidende Voraussetzung für den Einstieg. Das vielseitige theologische Hochschulstudium bringt ohnehin jeder mit; eine

kirchenrechtliche oder juristische Sonderqualifikation in Form
einer Promotion ist sehr erwünscht; viel wichtiger sind jedoch
Beziehungen und Protektion. Und wenn es schiefgeht, gibt es
kein Abwärts. Wer sich einigermaßen geschickt, sprich kommunikativ, verhält, findet in der Kurie irgendein anderes Plätz-
chen. Steht man kurz vor der Pensionierung (gewöhnlich mit
75 Jahren, spätestens mit 80) und ist in Ungnade gefallen oder
hat sich etwas zuschulden kommen lassen, verbleibt man auf
dem Posten und erhält einfach keine (wichtige) Arbeit mehr. Bei
hartnäckigen Fällen bleibt immer noch die «Exilierung» in die
Heimatdiözese – mit einem Monsignore-Titel.   '
     Intelligenz und Tüchtigkeit machen sich im Vatikan immer
bezahlt; besser ist es allerdings, man verfügt über sehr hohe Protektion und das nötige Durchsetzungsvermögen: Auch in der
Kurie gibt es sogenannte Falken und Tauben. Verständlich, daß
in einer ehelosen Männergesellschaft Faktoren wie Mißgunst,
Neid und Eifersucht weit heftigere Reaktionen hervorbringen
als in profanen Behörden. Schließlich geht es hier um die Weltkirche und meist um den eigenen Lebensinhalt. Reiner Brot-
erwerb ist die kuriale Arbeit jedenfalls für keinen päpstlichen
Mitarbeiter, auch nicht für den Laien mit fünf Kindern!

Wie italienisch ist der Vatikan?

Trotz der personellen Öffnung des päpstlichen Verwaltungs-
apparats für die Internationalität ist die Kurie immer noch stark
von Italienern dominiert. Zwischen 1523 und 1978 wurde kein
einziger Auswärtiger zum Papst gewählt. Der Vatikan liegt nun
einmal im Herzen Italiens, und es dauert lange, bis die alten italienischen Seilschaften allmählich in Pension gegangen sind. Immer noch ziehen italienische Kurienbischöfe und -kardinäle befreundete und bekannte Kleriker aus ihrer Heimat in den Vatikan und bringen sie in irgendeiner päpstlichen Behörde unter.
Nicht selten arbeiten sie dort als die «Sekretäre» ihrer Gönner,
obgleich sie offiziell mit ganz anderen Dingen zu tun haben. Italienische Klientelbildung kann immense Bindungskräfte entfal-
ten, die sogar Platz für unkirchliche Organisationen bietet. Im-

mer wieder wird über den Einfluß der Mafia und der Freimaurerei im Vatikan gemunkelt und geschrieben. Tatsächlich waren
äußerst einflußreiche Mitglieder der norditalienischen P2-Loge
engste Finanzberater der Vatikanbank. Andere Nationen in der
Kurie sind dagegen nicht selten durch die überall anzutreffende
invidia clericalis – den priesterlichen Neid – atomisiert. In ihren
Zirkeln wird sehr selten Kirchenpolitik gemacht; dort sucht man
sich die Gesinnungsgenossen nach sachlichen Gesichtspunkten,
also eher auf supranationaler Ebene aus. Der italienischen Hege-
monie kommt außerdem entgegen, daß ausländische Diözesen
nur zögerlich eigene Priester für die Aufgaben der Weltkirche
entsenden, zumal sie selbst über immer weniger hochqualifizier-
tes Personal verfügen. Aber auch die zunehmende Zahl von Lai-
en im päpstlichen Dienst stammt aus Italien, sehr häufig sogar
aus Rom. Hier zahlt sich die bessere Integration der italienischen
Monsignori in die römische Gesellschaft aus; oft sind es Freunde, Nachbarn und Familienangehörige (welcher Italiener hat
nicht zumindest entfernte Verwandte in der Ewigen Stadt?),
deren berufliche Zukunft bei einem Abendessen gesichert wird.
Damit sind die italienischen *Vaticanisti* nicht nur zahlenmäßig
im Vorteil, sondern auch was ihren Einfluß angeht. Immer noch
besetzen Italiener die wichtigsten Positionen in der Kurienverwaltung. Ein Nichtitaliener als Kardinalstaatssekretär ist in der
Geschichte des Papsttums eine seltene Ausnahme.

Es ist also nur folgerichtig, daß im Vatikan neben dem Lateinischen das Italienische Amtssprache ist. Latein ist im Schrift-
verkehr der Kurie eine Rarität; allenfalls Ernennungsbullen für
Bischöfe oder andere hochoffizielle, aber politisch wertlose
Schreiben werden noch in der alten Kirchensprache abgefaßt.
Die Dominanz des Italienischen als eigentliche Schriftsprache
des Vatikans findet auch darin seinen Ausdruck, daß in das
zweithöchste Amt einer Kongregation, das des *Segretario*, stets
ein Italiener berufen wird, wenn der Präfekt ein Ausländer
ist. Italienische Mentalität hat sich auch im administrativen
Habitus des Miniaturstaates eingebürgert. Die Dienstzeiten
folgen einer uralten mediterranen Sitte, die man schon bei Cice-
ro nachlesen kann: vormittags *negotium* (Arbeit), nachmittags

otium (Ruhe). In den Sommermonaten Juli bis September, wenn der Papst ohnehin fern des Vatikans in Castelgandolfo weilt, endet der Behördentag durchgängig um 14 Uhr. Aber auch in den anderen Monaten ist die Siesta heilig: Nur an zwei Nachmittagen in der Woche wird von 17 bis 19 Uhr gearbeitet. So tat man sich lange schwer, für die *Biblioteca Apostolica* durchgehende Öffnungszeiten für die Wissenschaftler aus aller Welt einzuführen, die sich ja nur für ganz wenige Wochen in Rom aufhalten.

Deutsche Kuriale

Schaut man sich die deutschen Mitarbeiter an der Römischen Kurie an, so kommt nicht nur die eigene Nation zu dem Schluß, daß es viel zu wenige sind, die sich für Papst und Kirche abmühen, sondern auch der Vatikan selbst teilt diese Ansicht: Immer wieder werden die deutschen Bischöfe aufgefordert, mehr Priester nach Rom zu entsenden. Auf der anderen Seite bedeutet für jeden Bischof der eigene Mann in Rom ein zusätzliches Informations- und Einflußpotential an der Kurie. Immerhin stellen die Deutschen zur Zeit drei Leiter von römischen Dikasterien, von denen die Kardinäle Joseph Ratzinger und Walter Kasper die prominentesten sind. Ratzinger als Chef der Glaubenskongregation ist ein vom Papst hochgeschätzter Vertreter der deutschen Theologie. Der Medienpapst und der scheue Theoretiker scheinen sich irgendwie zu ergänzen, denn das Kirchenoberhaupt ist eher ein Praktiker, während Ratzinger sich nach eigenen Worten am meisten darüber freut, wenn ihn jemand auf dem Petersplatz auf sein neuestes Buch anspricht.

Bei der letzten Kardinalskreation von 2001 ist immer wieder die Rede davon gewesen, daß der Papst durch die beiden neuernannten deutschen Kardinäle die dortige Theologie aufwerten wollte. Vielleicht war es aber auch die Würdigung des bedeutenden finanziellen Zuschusses, der Jahr für Jahr aus Deutschlands Diözesen zur Sanierung des päpstlichen Haushalts aufgebracht wird. Welche Deutung auch immer die richtige sein mag, das Profil der deutschen Führungsschicht im Vatikan ist eindeutig intellektuell geprägt, und die deutsche wissenschaftliche

Theologie ist in Rom seit der Berufung von Walter Kasper zum Chef des Päpstlichen Einheitsrates einflußreicher vertreten als bisher. Beide Kardinäle, Ratzinger und Kasper, waren, bevor sie auf süddeutsche Bischofsstühle berufen wurden, namhafte und über den deutschen Sprachraum hinaus bekannte Universitätsprofessoren. Auch der dritte Leiter eines vatikanischen Dikasteriums, Erzbischof Paul Josef Cordes als Leiter von *Cor Unum*, trägt viel zur intellektuellen Schärfung seiner päpstlichen Aufgabe in Form von Büchern und Zeitschriftenartikeln bei. Stärker als bei anderen deutschen Kurienangestellten läßt sich bei ihm die Adaption des mediterranen Ambientes für seine Arbeits- und Lebensweise beobachten.

Neben deutscher Gelehrsamkeit ist beim Heiligen Stuhl Loyalität und Durchsetzungsfähigkeit gefragt. Besonders die letzte Eigenschaft scheint die italienisch geprägte Kurie den Deutschen zuzutrauen. Für systematisch zu bewältigende Arbeit, die Sitzfleisch und geistige Präzision erfordert, so hört man verschiedentlich hinter vatikanischen Mauern, sieht man sich gerne nach deutschen Mitarbeitern um. Es verwundert daher nicht, daß für die Knochenarbeit, die für die Ordnung und Leitung der päpstlichen Archive unerläßlich ist, Deutsche ganz oben auf der Personalliste des Vatikans stehen. Solche Tugenden stoßen im diplomatischen Dienst auf ihre Grenzen. Zwar gibt es immer wieder sehr kompetente und gewandte Nuntien unter den deutschen Kurialen, doch sehen Italiener das eher als Ausnahmeerscheinungen an. Der sich wöchentlich treffende Zirkel der deutschen *Vaticanisti* jedenfalls strahlt viel weniger Harmonie und diplomatisches Miteinander aus, als das bei anderen Nationen der Fall ist. Vielleicht ist es das, was bei den Italienern an der Kurie ein gewisses Mißtrauen gegenüber den Deutschen erzeugt.

4. Habemus papam –
Tod und Neuwahl des Papstes

Die Sedisvakanz

Der Tod oder Amtsverzicht des Monarchen – letzteren Fall hat es in der Kirchengeschichte zum ersten und einzigen Male 1294 gegeben, als der dem Amt nicht gewachsene Cölestin V. nach fünf Monaten demissionierte – erzwingen stets eine mehrwöchige Zeit ohne Papst, die Sedisvakanz genannt wird. Nach Cölestin, der bereits 17 Jahre nach seinem Tod heiliggesprochen wurde, hatte wohl nur Paul VI. einen freiwilligen Rücktritt erwogen. Immerhin hatte er 1970 verordnet, daß die Kurienkardinäle mit 75 Jahren aus ihrem Amt ausscheiden müssen und alle Kardinäle über 80 Jahre nicht mehr am Konklave teilnehmen dürfen. Er selbst setzte eine hochrangige Expertenkommission ein, die ein Ausscheiden aus Altersgründen auch für den obersten Leiter der Kirche prüfen sollte. Wie nicht anders zu erwarten, sah man Argumente auf beiden Seiten, kam zu keiner Empfehlung und überließ die Entscheidung Paul VI., der dann stillschweigend bis zum Ende seiner Tage weiterregierte. Die Expertenkommission hatte vor allem praktische und psychologische Schwierigkeiten gesehen, die nicht von der Hand zu weisen sind. Es gäbe beim Rücktritt des Kirchenoberhauptes eine Zeit mit zwei Päpsten, wobei der Nachfolger zumindest aus Pietät kaum die Möglichkeit hätte, den Kurs des Vorgängers zu verlassen. Es würde außerdem innerhalb der Kirche zu Parteibildung und zu Pilgerzügen zum Aufenthaltsort des Alt-Papstes kommen. Eine solche Krisensituation hatte Cölestins Nachfolger Bonifaz VIII. (1294–1303) auf seine Weise, nämlich gründlich, bereinigt, indem er den greisen Vorgänger in die Burg Fumone bei Frosinone bringen ließ, wo er bald darauf gestorben ist. Daß die Kirchengeschichte immer wieder als Lehrstück für aktuelle Problemsituationen herangezogen werden kann, war Paul VI. wohl bewußt.

Nie hat man jedoch so viel über die Demission eines Papstes spekuliert und diskutiert wie gerade in den letzten Jahren, in denen der desolate körperliche Zustand von Johannes Paul II. immer weniger eine funktionierende Kurienarbeit erwarten läßt. Überall ist von Stillstand die Rede. Hier zeigt vor allem der Zentralismus seine Tücken: Dem Pontifex muß alles mündlich vorgetragen werden, bevor es zur Unterschrift kommt. Immer häufiger schläft der Papst vor Erschöpfung in den kurialen Konferenzen ein; seine immer schwerer verständliche Artikulation ist jedem Fernsehzuschauer an Weihnachten und Ostern ohnehin ein erbarmungswürdiges Phänomen. Johannes Paul II. denkt nicht an Rücktritt, und da ist er ganz Pole, der die Geschichte seiner Nation stets als Leidensgeschichte begriffen hat, die in die Passion des Erlösers hineingenommen ist. Der polnische Messianismus versteht das Leiden des polnischen Volkes als Anteil am Erlösungswerk Christi am Kreuz. Verwundert es da, wenn Johannes Paul II. sendungsbewußt jede Anfrage nach Rücktritt mit den Worten abweist, Jesus sei auch nicht vom Kreuz gestiegen?

Ob nun Demission oder Tod: Sedisvakanzen gehören zur Geschichte der Kirche und des Papsttums. Selten dauerte es allerdings zwei Jahre und neun Monate wie 1268–1271 in Viterbo, bis die ratlosen Kardinäle Gregor X. (1271–1276) gewählt hatten, der sich dann trotz aller nivellierender Kompromißsuche als kluger und umsichtiger Staats- und Kirchenmann erwies. Doch auch fünfmonatige Konklaven wie das im brütenden römischen Sommer von 1740 waren keine Seltenheiten. Daher hatte die römische Kurie bereits früh vorgesorgt. Bei Sedisvakanz übernahm das Kardinalskollegium die Generalverwaltung der Kirche und des Kirchenstaates. Das schreiben auch die Lateranverträge fest. Mit dem Tod des Papstes erlebt der purpurne Senat der Römischen Kirche seine Sternstunde und eigentliche Berufung: Die Kardinäle erledigen die dringendsten Geschäfte von Kurie und Vatikanstaat, organisieren ein würdiges Begräbnis und bereiten das Konklave vor. Zu diesem Zweck treten sie täglich in sogenannten Generalkongregationen zusammen. Diese Aufwertung müssen die Kurienkardinäle teuer bezahlen: Wie in jeder Diözese, so verlieren auch in Rom die höchsten «Beamten» beim Tod des Oberhirten ihr Amt, abgesehen von drei Ausnahmen: der Camerlengo, der Vikar der Diözese Roms und der Großpönitentiar. Der sogenannte «Camerlengo der Heiligen Römischen Kirche», der Vorsteher der Apostolischen Kammer im Kardinalsrang, wird neben dem Kardinaldekan zur bedeutenden Größe, da nun er die gesamte Verwaltung der Güter und zeitlichen Rechte des Heiligen Stuhls versieht.

Bis eine solche Sonderregelung greifen kann, muß allerdings erst der Tod des Pontifex zweifelsfrei festgestellt werden. Das erledigte man früher recht mittelalterlich und martialisch. Der Camerlengo trat an das Totenbett und fragte den Verstorbenen, ob er schlafe. Dabei schlug er symbolisch mit einem Hammer dreimal auf die Stirn des Papstes. Daraufhin wurde das Kirchenoberhaupt für tot erklärt. Noch heute wird der Fischerring von der Hand des Toten abgezogen und gemeinsam mit dem päpstlichen Siegel zerbrochen.

Der Ablauf des Konklaves und die Neuwahl eines Papstes werden durch das neue Papstwahldekret von 1996 geregelt, das sich weit von den Ursprüngen entfernt hat. In der ersten Hälfte der Papstgeschichte wurde der Nachfolger Petri von seiner römischen Gemeinde bestimmt. Erst 1059 kam den Kardinälen das Recht zu, den Papst zu wählen. Dabei ging es längst nicht so würdevoll und ordnungsgemäß zu, wie uns mittelalterliche Protokolle und Fresken glauben machen wollen. Die Historiker sprechen von tumultuarischen Ereignissen, aus denen der Nachfolger Petri mit Zustimmung der Römer hervorging. Das hatte immerhin den Vorteil, daß alles recht schnell ging.

Durch die sich gegenseitig blockierende Einflußnahme des römischen Adels, des Kurienklerus und der weltlichen Machthaber, vor allem des hochmittelalterlichen Kaisers, nahm die Wahlzeit mehr und mehr zu, so daß man auf einen Kunstgriff verfiel: Für das erste Einschließen der Kardinäle hält die Papstgeschichte zwei Berichte bereit; in beiden waren es Laien, die der Streitereien der Kardinäle überdrüssig wurden: 1216 schlossen die Bürger von Perugia erstmals die Papstwähler ein, damit sie zu einer Entscheidung ohne Einwirkung von außen kommen konnten; vermutlich wurde die Einschließung 1241 in Rom wiederholt, als nämlich der Senator der Stadt, Matteo Rosso Orsini, die Kardinäle für zwei Monate in den Trümmern des antiken Septizoniums einsperrte. 1268 griff das Volk wieder einmal zum Wohl der Kirche durch – allerdings auf Anregung eines Heiligen: Nach mehreren Monaten Beratung rief der hl. Bonaventura die Bevölkerung von Viterbo dazu auf, die 18 Kardinäle kurzerhand im Papstpalast einzusperren und ihnen sogar die Nahrung drastisch zu reduzieren. Das Gebäude wurde umstellt und schließlich das Dach abgedeckt, um den Kardinälen die Wahl zu «erleichtern». Am 1. September 1271 war es endlich soweit: Der designierte Papst Tebaldo Visconti nahm die Wahl wohl nur an, um die lange und schmerzvolle Sedisvakanz zu beenden. Außerdem zog er endlich die Lehre aus diesem langwierigen Desaster, indem er die Einschließung der Kardinäle 1274 zur Norm erklärte und eine Verfahrensordnung festlegte, die mit geringfügigen Abweichungen bis heute verbindlich ist. Jedoch ist heute die rigide Finanz- und Speiseordnung nicht mehr in Gebrauch: Verlief die Papstwahl drei Tage ohne Ergebnis, wurde mittags und abends nur noch ein Gang serviert; nach weiteren fünf entscheidungslosen Tagen reichte man nur noch Wasser, Brot und Wein. Außerdem sperrte man für die Zeit des Konklaves die finanziellen Zuwendungen an die Kardinäle aus der päpstlichen Kasse. Schon damals allerdings legte man mit der Autorität der allgemeinen Kirchenversammlung (II. Konzil von Lyon) die heute noch geltenden Geheimhaltungsvorschriften fest: Es dürfen weder mit Personen außerhalb des Konklaves Geheimgespräche geführt noch schriftliche Nachrichten empfangen werden. Zuwiderhandlungen wurden stets mit der Strafe der Exkommunikation belegt, also mit dem Ausschluß aus der katholischen Kirche, der durch die Tat selbst eintrat (*ipso facto*).

Die Einflußnahme weltlicher Fürsten sollte durch eine so drastische Vorschrift unterbunden werden. Statt dessen kam es seit Ende des 16. Jahrhunderts zu einem deutlichen Eingriff der katholischen Mächte (Kaiser, Frankreich, Spanien) in die Papstwahl, da diese Monarchen mittlerweile das Recht der *Exklu-*

sive, des Ausschlusses politisch unliebsamer Kandidaten, usurpiert hatten. Vor allem im 17. und 18. Jahrhundert warteten die Kardinäle im Konklave häufig bis zum Eintreffen der Wahlgesandtschaften, damit sie nicht einem Kardinal ihre Stimme gaben, der dann ohnehin ausgeschlossen wurde. Solch flagrante Verletzung der kirchlichen Autonomie ereignete sich letztmalig 1903, als der österreichische Kaiser Franz Joseph den aussichtsreichsten Kandidaten, Kardinalstaatssekretär Mariano Rampolla del Tindaro, von der Nachfolge Petri ausschloß. Seither ist die eigentlich immer schon verbotene weltliche Einmischung ausdrücklich untersagt und tatsächlich auch eingehalten worden.

Trotz lauter werdenden Forderungen nach Transparenz und Demokratie wird bis heute am Konklave festgehalten. Paul VI. paßte die Vorschriften für eine unbeeinflußte Wahl sogar den technischen Neuerungen der modernen Welt an: Rundfunk- und Fernsehgeräte sowie Apparate zur Bild- und Tonaufzeichnung wurden in den abgeschlossenen Räumen des Vatikans ebenso verboten wie Tageszeitungen und Zeitschriften. Als vorrangigen Grund gab Paul VI. den geistlich-spirituellen Charakter der Wahlhandlung an.

Auch den Beginn des Konklaves sowie die Beerdigungsfeierlichkeiten für den verstorbenen Papst richtete Paul VI. an den Erfordernissen der Weltkirche aus: War im Mittelalter nach italienischer Sitte die Beerdigung des Papstes am Tag nach seinem Tod vorgesehen, ermöglicht man nun den Kardinälen aus Übersee oder politisch gefährdeten Gebieten die Teilnahme an den Trauergottesdiensten, indem man die Beisetzung des toten Pontifex auf den neunten Tag hinausschob. Das Konklave soll frühestens am 15., spätestens am 20. Tag nach Eintritt der Sedisvakanz beginnen. Vor allem im Mittelalter und in der Neuzeit war die Papstwahl eine inneritalienische Sache gewesen – nicht nur, weil die meisten Kardinäle Italiener waren, sondern auch, weil die auswärts Residierenden nicht die aufwendige Reise über die Alpen auf sich nehmen wollten oder konnten.

Die Wähler

Die Frage der Wählerschaft war bis in die jüngste Zeit heiß umkämpft. Strittig war seit dem Mittelalter nicht nur die Beteiligung weltlicher Mächte, sondern hauptsächlich auch, welche Kleriker den Pontifex Maximus küren dürfen. Bis ins 4. Jahrhundert ging es schlicht darum, einen neuen Bischof von Rom zu bestimmen, der zwar über seinen lokalen Radius hinaus über bestimmte Ehrenrechte und Vollmachten verfügte, ansonsten aber ganz Vorsteher seiner Lokalkirche war. Daher kam dem Volk und den Geistlichen von Rom auch die Kompetenz zu, sich selbst einen neuen Bischof zu geben. Seit 1059 trat dann – zumindest kirchenrechtlich – eine Klerikalisierung der Wahl ein: Von nun an waren es die sieben unmittelbaren Nachbarbischöfe, die sogenannten suburbikarischen Kardinalbischöfe, die einen Papst auswählten. Die übrigen Kardinäle, die wichtigsten Priester und Vorsteher der Diakonien in der Stadt, hatten nur das Recht der Zustimmung, bald aber auch das aktive Wahlrecht. Das Gremium der Kardinäle, ohnehin die älteste kirchliche Ehrenfunktion, ist darüber hinaus spätestens seit dem 16. Jahrhundert zum wichtigsten Beraterkollegium des Kirchenoberhauptes geworden. Dadurch daß der Papst bis heute die Kardinäle frei ernennt, kann er auch die Weichen für das nächste Konklave stellen. Eine immer wieder vorkommende persönliche Designation des Nachfolgers – zuletzt faktisch unter Pius XI. – ist schon im Mittelalter verboten worden. Lebt der Pontifex aber lange genug, kann er durch die Bestellung neuer Kardinäle auch die Richtung für die nächste Papstwahl festlegen. Das ist bei Johannes Paul II. so, und das war bei Urban VIII. so, in dessen langer Amtszeit 76 Kardinäle starben. Gegen Ende seines Lebens konnte er den versammelten Purpurträgern selbstbewußt die Jesus-Worte entgegenhalten: «Nicht Ihr habt mich erwählt, sondern ich habe Euch erwählt!» (Joh 15,16)

Die Zahl der Papstwähler setzte das Konzil von Konstanz (1414–1418) auf 24 fest; aber schon 150 Jahre später zählte die Kirche 76 Kardinäle. Es war wiederum der resolute und tatkräf-

tige Sixtus V., der die Höchstzahl der Wähler nach alttestament-
lichem Vorbild auf 70 begrenzte. Dieses Limit wurde bis zum
Pontifikat Johannes' XXIII. respektiert, der 1958 die Anzahl
auf 75 erhöhte, um die rapide wachsende Kirche in der Dritten
Welt angemessener im Heiligen Kollegium zu repräsentieren.
Nachdem diese Schallgrenze durchbrochen war, stieg die Zahl
der Titelträger gar auf 144 im Jahre 1973, bis man sie noch im
selben Jahr auf 120 aktiv Wählende festsetzte. Durch die 1970
eingeführte Altersgrenze von 80 Jahren war das Wahlgremium
nicht mehr mit dem Kardinalskollegium identisch; der «Senat
der Kirche» (von lat. *senex* = Ältester) bestimmte nun nicht
mehr den Nachfolger Petri, da man offensichtlich Furcht vor
der Senilität hatte. Diese Zurücksetzung der Ältesten milderte
Johannes Paul II. insofern, als er sie beratend zur Papstwahl zu-
ließ, ohne ihnen allerdings das aktive Wahlrecht zuzugestehen.
Damit kommt aber indirekt das Geheimhaltungsproblem bei
den sogenannten Konklavisten wieder auf: Das waren solche
Kleriker und Laien, die jeder Kardinal als persönliche Diener
mit ins Konklave nehmen konnte. Seit 1975 sind solche Konklavisten ausgeschlossen; begründete Einzelbitten werden von
einer besonderen Kardinalskommission geprüft. Ohne Zweifel
hatte die Raumnot bei 120 Papstwählern dazu geführt, weiteres
Personal aus dem beengenden vatikanischen Palast auszuschlie-
ßen. Dafür steht jetzt allen Kardinälen eine gewisse Anzahl von
Personen für den Tischdienst und die Hygiene zur Verfügung.

Abgesehen von der Altersgrenze verliert der Kardinal seine
Funktion, wenn er freiwillig auf sie verzichtet oder der Papst
ihm die entsprechenden Rechte entzieht. Diese gehen schon bei
seiner Ernennung verloren, wenn sich der neue Kardinal wei-
gert, den Eid *ad effusionem sanguinis* zu leisten, d. h., den Gehorsam bis zum Vergießen des Blutes zu geloben. An diese absolute Treuepflicht erinnert der sogenannte Kardinalspurpur, die
blutrote Gewandung. Damit sind die Kardinäle als unbedingte
Gefolgsleute des Papstes gekennzeichnet, die diesen zwar beraten dürfen, aber kein Einspruchsrecht besitzen. Im Vatikan werden sie seit 1630 mit «Eminenz» angesprochen und genießen in
Italien durch die Lateranverträge besondere Vorrechte. Jedem

von ihnen wird bei der Ernennung durch den Papst eine Titel-
kirche in Rom zugewiesen, die sie zu stadtrömischen Klerikern
macht. In diesem Gotteshaus, das sie je nach Vermögenslage in-
stand halten sollen, haben sie auch ein Begräbnisrecht. Die
sechs Kardinalbischöfe, die höchsten kurialen Mitarbeiter, die
den obersten Rang innerhalb des dreistufigen Kollegiums (Kardinalbischöfe, -priester und -diakone) einnehmen, sind heute
nur noch nominelle Titelträger der suburbikarischen Diözesen
rings um die Ewige Stadt.

Die Wahl

Die gesamte Wahlhandlung ist eine liturgische Feier, die eine
jahrhundertealte Tradition aufzuweisen hat. Jeder Handgriff bis
zum Modus der Stimmabgabe ist detailliert geregelt, und die
Papstwähler tragen bei ihrer vornehmsten Amtshandlung liturgische Kleidung. Das ist in den römischen Sommermonaten gerade für ältere Kardinäle eine belastende und gesundheitsge-
fährdende Angelegenheit. Die Fenster nach außen sind fest verschlossen, mit Farbe übermalt oder verhangen. Daher ist die
Atmosphäre in den Räumen und engen Fluren stickig, heiß und
rauchig. 1978 stand jedem Kardinal ein kleines Zimmer im Apostolischen Palast zur Verfügung, das spartanisch wie in einem
Priesterseminar eingerichtet war. Die gesamte Atmosphäre war
bis zum Äußersten unkommunikativ, da sich in jedem Raum nur
ein Bett, ein Stuhl und ein Betschemel befanden. Gespräche und
Diskussionen konnten daher nur entweder ganz öffentlich oder
in den Gängen stattfinden. Man erhoffte sich hiervon weniger
Parteibildung und ein kurzes Konklave.

Solche extremen Bedingungen haben immer wieder Men-
schenleben gekostet. Im letzten Konklave von 1978 ist ein be-
tagter Kardinal in der Enge des verschlossenen vatikanischen
Palastes gestorben. Johannes Paul II. hat die Konsequenzen dar-
aus gezogen und das Konklave gelockert: Alle 120 Kardinäle erhalten in dem etwa 1,5 Kilometer entfernten *Domus Sanctae
Marthae* innerhalb der Vatikanmauern eine Wohnung zugewiesen. Für Notfälle stehen ständig zwei Ärzte zur Verfügung.

Zwar schreibt das neueste Papstwahldekret fest, daß sie auf ihrem Weg in die Sixtinische Kapelle «von niemandem erreicht werden können», doch ist allein durch die räumliche Distanz noch weniger als bisher die absolute Geheimhaltung der Wahlhandlung gewährleistet. Faktisch wird das nächste Konklave im eigentlichen Wortsinn keines mehr sein!

Vielleicht trägt die ernste und düstere Atmosphäre der Sixtinischen Kapelle das Ihre dazu bei, die Papstwähler an die gestrenge Pflicht der äußersten Verschwiegenheit zu erinnern – immerhin wählen die Kardinäle angesichts des Jüngsten Gerichts von Michelangelo. Überhaupt scheint dieser Raum wie geschaffen, um die hochgeheime Wahl eines Kirchenoberhauptes durchzuführen. Denn auch von außen wirkt der erdbebengeschädigte Bau alles andere als freundlich. Schon der festungsartige Eindruck, der durch meterdicke Wände, Wehrgänge und Stützmauern noch verstärkt wird, scheint in jeder Hinsicht für hermetische Abgeschlossenheit zu sorgen. Allerdings ist die Kapelle, in der seit ihrer Erbauung die Papstwahl stattfand, heute für die 120 Kardinäle (Sollstärke) eindeutig zu eng, zumal der 40,2 mal 13,4 Meter große Raum nur etwa zur Hälfte für die Sitzgelegenheiten der Papstwähler genutzt werden kann. Zahlreiche barocke Zeremonien werden dadurch hinfällig, etwa die Baldachine über den Sitzen, die nach gültig erfolgter Wahl heruntergeklappt werden mußten, so daß nur noch der des neuen Papstes erhalten blieb.

Der Einschluß der Kardinäle beginnt nach einem Gottesdienst im Petersdom. Anschließend ziehen die Wähler in feierlicher Prozessionsordnung in die Sixtinische Kapelle ein, indem sie den Beistand des Heiligen Geistes für ihre Wahlhandlung erflehen. Der Eid, durch den sich alle Eingeschlossenen zur strengsten Geheimhaltung verpflichten, ist noch öffentlich. Dann erst weist der päpstliche Zeremonienmeister alle nicht zur Papstwahl gehörigen Personen mit den Worten «Extra omnes» aus der Kapelle. Die schweren Türen werden geschlossen und versiegelt, und das Konklave beginnt.

Der Papst wird demokratisch gewählt – seit 1179 immerhin mit Zweidrittelmehrheit. Die seit 1996 vorgeschriebene geheime

Wahl muß nicht auf einen Kardinal fallen; treffen kann es theoretisch jeden männlichen Katholiken, der alle Voraussetzungen für die Priesterweihe mitbringt, also im wesentlichen unverheiratet ist. Tatsächlich wurden jedoch seit 1378 nur Kardinäle auf den Stuhl Petri befördert. Vormittags und nachmittags sind je zwei Wahlgänge vorgesehen. Ist nach drei Tagen keine Entscheidung gefallen, wird die Wahl für einen Tag unterbrochen, um Raum für ein «zwangloses Gespräch unter den Wählern und für eine kurze geistliche Ansprache durch den ranghöchsten Kardinal» zu geben. Diese Idee Pauls VI. hat Johannes Paul II. weiter ausgebaut: Das Konklave soll den Charakter von geistlichen Exerzitien annehmen. Kommt man auch nach weiteren Abstimmungstagen nicht zum Ziel, kann mit absoluter Mehrheit ein neuer Papst bestimmt werden, oder eine Stichwahl zwischen dem aussichtsreichsten Kandidaten entscheidet über die Nachfolge.

Die Wahlmodalitäten, die Paul VI. skrupulös nach alten Vorlagen festgelegt hat, regeln protokollarisch das Zeremoniell der Wahlgänge. Der Papst kümmerte sich sogar um Größe und Aufdruck der Stimmzettel. Johannes Paul II. hat in seinem neuen Papstwahldekret etliche Muß-Normen in Soll-Vorschriften umgewandelt. Prinzipiell läuft jedoch noch heute das Konklave, wenn auch in schlichteren Formen, genauso ab wie vor einigen hundert Jahren: Nachdem die Kardinäle in der *Cappella Sixtina* ihren Platz eingenommen haben, werden Stimmzettel an sie verteilt, die in der oberen Hälfte den Aufdruck «Eligo in Summum Pontificem» (Ich wähle als Papst) führen. Sodann müssen alle Wahlhelfer den Raum verlassen und die Türen schließen. Die sogar beim Ausfüllen des Wahlzettels geforderte Geheimhaltung ist ein nahezu aussichtsloses Unterfangen, da die Purpurträger dicht nebeneinander sitzen. Das Wahldekret weiß Abhilfe, indem es «möglichst verstellte, aber deutliche Schrift» verordnet. Wird mehr als ein Name auf dem unteren Abschnitt eingetragen, ist der Zettel ungültig.

Wenn alle Wahlscheine zweimal gefaltet sind, schreiten die Kardinäle nacheinander in strenger Rangordnung zum Altar der Sixtina, wobei der Zettel so gehalten werden muß, daß er von allen gesehen werden kann. Vor dem Altar kniet der Wähler nieder, spricht ein kurzes Gebet, erhebt sich dann, leistet den Eid, daß seine Wahl im Angesicht Gottes vollzogen worden ist, und legt das Papier auf einen Teller, der dann in einen Kelch geleert wird. Diese Prozedur ist eine zutiefst sakrale Handlung und zeitaufwendig. Nun erst kommen die Wahlhelfer wieder zurück in den Raum, mischen die Zettel und zählen die Stimmkarten für alle deutlich sichtbar durch. Erst wenn die Anzahl der Scheine mit derjenigen der Kardinäle übereinstimmt – kranke Wähler dürfen vom Bett aus ihr schriftliches Votum abgeben –, kommt es zur Auszählung. Drei Wahlprüfer schreiben die Namen der Gewählten in Listen; dann wird zusammengezählt und das Ergebnis von Revisoren geprüft.

Der erste Urnengang hat die Fronten abgesteckt, Gruppierungen deutlich gemacht und aussichtsreichste Kandidaten herausgeschält, denen nicht selten mulmig wird, während andere ihre Enttäuschung nur schwer verbergen können. Von Albino Luciani, der aus dem ersten Konklave von 1978 als Johannes Paul I. hervorging, wird glaubhaft überliefert, daß ihm nach dem ersten Wahlgang, der ihn an die zweite Stelle brachte, sein berühmtes Lächeln verging und er nur «Absurd!» murmelte. Ein zweiter, direkt anschließender Wahlgang kann dann bereits die Entscheidung bringen, weshalb sich viele Kardinäle in der Endphase des Konklaves für die Abkürzung des Prozederes aussprechen und beispielsweise auf die vorgeschriebene Eidesleistung verzichten. In den Pausen zwischen den gedoppelten Wahlgängen finden vor allem die «Fraktionsführer» zusammen, analysieren das Ergebnis und beraten über die Verstärkung der aussichtsreichsten Kardinäle durch die Wählerschaft von weniger aussichtsreichen. Strikt konservative Blöcke bleiben meist bis zum Schluß ihrem Kandidaten treu oder votieren mit ungültig gemachten Stimmzetteln, um dem neuen Papst, der nicht nach ihrem Geschmack ist, keine Hypothek aufzubürden. Die Kurienkardinäle haben selten Chancen, gewählt zu werden; dafür haben sie jedoch häufig Koalitionen zustande gebracht und Fingerzeige auf einen befähigten Kardinal gegeben. In den letzten Jahrzehnten zählten mehr und mehr pastorale Qualitäten

und persönliche Ausstrahlung, weshalb die höchsten Kurien-
beamten mehr und mehr in die Defensive gerieten. Es sind die
Oberhirten der größten Bistümer, denen man am ehesten zu-
traut, neben dem römischen Bistum auch die Weltkirche zu
leiten.

Bis 1978 war die Papstwahl eine zumeist inneritalienische Angelegenheit. Hadrian VI. (1522–1523) war der letzte nichtitalie-
nische Papst. Aber auch vor ihm gab es nur wenige Dutzend
Ausländer. Paul VI. hatte das Kardinalskollegium zwar stark
internationalisiert, so daß die italienische Fraktion immer mehr
an Bedeutung verlor, ihr die Mehrheit aber noch sicher war. Erst
das zweite Konklave von 1978 brach diese Vorherrschaft, da
sich die Italiener nicht auf einen eigenen Kandidaten einigen
konnten. Die deutschsprachigen Kardinäle, allen voran Höffner
(Köln) und König (Wien), gaben dann den Hinweis auf Karol
Wojtyła aus Krakau als Kompromißlösung. Seitdem ist die Zeit
der italienischen Päpste vermutlich endgültig abgelaufen, es sei
denn als Übergangskandidat. Es ist nur eine Frage der Zeit, bis
ein Bischof aus der Dritten Welt, vermutlich aus Asien, den
Stuhl Petri besteigen wird – ist doch dort die Zahl der Katholiken im Wachstum begriffen, während Europa nach den mah-
nenden Worten Johannes Pauls II. zu einem Kontinent der Mis-
sionierung geworden ist. Auf jeden Fall werden die nächsten
Konklaven immer überraschender, impulsiver werden – schon
allein durch die große Anzahl von Kardinälen aus aller Welt.
Auch für die Zukunft werden jedoch die alten Weisheiten gelten: Wer als Papst ins Konklave einzieht, kommt als Kardinal
wieder heraus; und: Nicht der wird Papst, der die meisten
Freunde hat, sondern der, welcher die wenigsten Feinde hat.
Und ein Kriterium muß unzweifelhaft jeder Aspirant erfüllen:
eine robuste Gesundheit. Der Schock des 1978 nach 33 Tagen
an Herzversagen verstorbenen Johannes Pauls I. wird den
Papstmachern noch lange in den Knochen sitzen. Nicht ohne
Grund wurde dessen Nachfolger ein gelernter Sportsmann, der
noch als Erzbischof im Schwimmen, Skifahren, Bergsteigen und
Kanufahren alle Welt beeindruckt hatte. Es kann also schon das
Aus für das höchste Kirchenamt bedeuten, wenn ein Papstwäh-

ler einem anderen im Konklave verstohlen zuraunt: «Kardinal
N. N. sieht sehr müde aus. Wußten Sie, daß er im letzten Monat
einige Wochen in den Bergen verbringen mußte, um sich zu erholen?» Damit scheint auch unumstößlich das Ende der «Ge-
rontokratie» im Vatikan eingezogen zu sein, das bereits 1970
durch die Einführung der Altersgrenze von 75 Jahren eingeläu-
tet wurde. Nur der letzte Schritt fehlt noch: die Pensionsgrenze
für Päpste.

Wie immer die Wahl auch ausgeht, das Volk (traditionell in
Form von Römern) darf am Ende nur applaudieren. Immerhin
wird der Abschluß jedes Wahlgangs für die Weltkirche transpa-
rent gemacht: Die Stimmzettel und die Wahlliste werden in
einem eigens bereitgestellten Kanonenofen verbrannt; der Rauch
steigt dann durch den wohl berühmtesten Schornstein der Welt-
geschichte für alle auf dem Petersplatz Wartenden sichtbar auf:
schwarz, wenn der Urnengang erfolglos war, weiß, wenn ein
neuer Papst gewählt wurde. Die selten richtig funktionierende
Verfärbung des Rauches wurde früher durch natürliche Bei-
gaben wie Stroh erzielt; heute setzt man Chemikalien ein. Nach
der kanonisch korrekten Wahl des Nachfolgers fragt ihn der
ranghöchste Kardinal, ob er die Wahl annehme. Sobald er seine
Zustimmung mit dem Wort «accipio» signalisiert hat, ist er im
Vollbesitz der gesamten päpstlichen Gewalt und rechtmäßiges
Oberhaupt der Universalkirche. Dieses Wort ist nicht jedem
leichtgefallen; verschiedene aussichtsreiche Kandidaten haben
bereits während des Konklaves ihre Ablehnung bekanntgegeben
und ihren Gesundheitszustand vorgeschoben, um frühzeitig andere Kardinäle ins Rennen zu schicken. Nach seiner Zustimmung muß der neue Papst nur noch eine Frage beantworten: Wie
er sich nennen will. Seit dem ganz unwürdigen Römer Johannes XII. (955–963) ist es üblich geworden, einen neuen Namen
anzunehmen, der die Verehrung gegenüber dem letzten Namens-
träger verdeutlicht oder ein entsprechendes Regierungspro-
gramm zum Ausdruck bringt. Wer also in Zukunft den Namen
Johannes annimmt, wird für Kirchenreform und Volkstümlich-
keit stehen; darüber hinaus wird er sich am populären, jüngst
seliggesprochenen Johannes XXIII. messen lassen. Wer immer

jedoch den Namen Petrus (II.) wählt, muß wissen, daß mit ihm einer alten Verheißung zufolge die Welt untergeht.

Nachdem die Namensfrage geklärt ist, kleidet sich der neue Papst in der sogenannten *Camera delle Lagrime*, einem Nebengemach der Sixtina, um, denn der Pontifex trägt seit den Tagen Pius' V. (1566–1572) die weiße Kutte der Dominikaner. In der umgebauten Sixtinischen Kapelle nimmt er dann vor dem Altar auf einem Thronsessel zum ersten Mal die Huldigung der Kardinäle entgegen, die ihm Gehorsam geloben. Damit ist das Konklave beendet, und die Siegel werden gebrochen. Jetzt erst verkündet der erste Kardinaldiakon der zusammengelaufenen Menschenmenge von der Benedikationsloggia die Nachricht: *Annuntio vobis gaudium magnum: Habemus papam!* (Ich verkünde euch eine große Freude: Wir haben einen Papst!) Diese Worte interessieren die ausharrenden Römer jedoch wenig, wissen sie das doch spätestens, seit der Vorhang an der Loggia aufgezogen wurde. Sie warten nun ganz gespannt auf die folgenden Worte des Kardinals, um zu erfahren, wer es ist: *Eminentissimum ac reverendissimum Dominum (Vorname) Cardinalem Sanctae Romanae Ecclesiae (Nachname)*. Erst jetzt braust der Jubel auf, wenn nicht wieder ein Pole den Stuhl Petri bestiegen hat, so daß sich die auf einen Italiener fixierten Römer verstört anschauen und fragen: «Chi è – Wer ist das denn?!» Schon zuvor sind die ersten Fenster des Apostolischen Palastes geöffnet worden, die bösen Gerüchten zufolge der Presse einen Hinweis auf die Person geben, deren Vita bereits eine halbe Stunde später in den überall verkauften Sondernummern zu lesen ist. Nun tritt auch der neue Papst, dem die Strapazen und die Last des neuen Amtes ins Gesicht geschrieben stehen, auf den Balkon von St. Peter und erteilt noch unsicher seinen ersten päpstlichen Segen *Urbi et Orbi*. Bis zu den Zeiten Pauls VI. gab es einige Tage später noch eine Krönungsfeierlichkeit wie bei einem Monarchen. Zwar gibt es seit 1929 wieder ein weltliches Territorium, doch fand es Paul nicht mehr zeitgemäß, sich mit der Tiara, der dreireifigen Kopfbedeckung, zu krönen. Statt dessen ließ er sie verkaufen (sie ruht heute in den Ausstellungsräumen einer US-amerikanischen Bank) und schaffte damit die Papstkrönung ab, die seither durch die sehr schlicht gehaltene Amtseinführung in oder vor St. Peter ersetzt worden ist. Bestehen blieb in dieser Zeremonie aber die zweite, nun öffentliche Huldigung der Kardinäle, die ihm kniend in die Hand Gehorsam geloben. Für den aufmerksamen Beobachter wirkt das recht merkwürdig, denn der einzige, der mit diesem Kotau Probleme hat, ist der neue Papst selbst, dem diese Demutsgesten sichtlich unangenehm sind. Von jetzt ab wird die Kurie zum bestimmenden Faktor seiner Handlungen. Zumeist ist bereits die erste Rede, die der Frischgewählte noch in der Sixtina vor seinen Kardinälen hält, von einem hohen Kurienmitglied geschrieben worden.

Nun beginnt der Alltag des Papstes. Er wird sich zunächst um die Finanzen kümmern müssen, denn jedes Konklave ist eine äußerst kostspielige Angelegenheit. Ein drittes Konklave im Jahr 1978 hätte den Vatikan unzweifelhaft finanziell ruiniert. Die geschätzten Mehrausgaben allein im Konklave-Monat August 1978 lagen bei vier bis fünf Millionen US-Dollar. Der Vatikan hatte damals keine Rücklagen gebildet. Etwa die Hälfte der Mehrkosten bei einer Sedisvakanz wird von den sogenannten Spoliengeldern verschlungen: Im Mittelalter war es Brauch, daß die Kurienangestellten das Haus des neugewählten Papstes plünderten, das ja nicht mehr genutzt wurde. Heute ist es üblich, daß jeder der über 3000 Angestellten des Vatikans bei Tod und Neuwahl des Papstes je ein zusätzliches Monatsgehalt bekommt – bei den relativ niedrigen Vatikanlöhnen eine willkommene Gehaltsaufbesserung. Dadurch waren aber 1978 vier zusätzliche Monatsgehälter an alle auszuzahlen. Die andere Hälfte der Mehraufwendungen wurde für die Beisetzung des Papstes, die Sicherheitsvorkehrungen sowie die Ausstattung der Sixtinischen Kapelle und des Vatikanpalastes für das Konklave aufgewandt.

5. Die beste Diplomatie der Welt?

Der politische und religiöse Auftrag

In außerkirchlichen Kreisen genießt die päpstliche Diplomatie seit alters einen hervorragenden Ruf. Innerhalb der katholischen Kirche ist das Ansehen des päpstlichen Gesandtschaftswesens nicht so einhellig positiv – ist doch häufig von «De-Nuntiatur» und vom Hineinregieren in die Lokalkirche die Rede. Vor allem die eigentümliche Zwitterstellung der päpstlichen Nuntien, die sowohl einen religiös-geistlichen als auch einen politisch-diplomatischen Auftrag haben und meist im Range eines Bischofs sind, ruft immer wieder Skepsis gegenüber dieser Einrichtung hervor. Unbestritten ist jedenfalls ihr Alter, durch das sie sich von allen vergleichbaren modernen Institutionen abhebt. Der Bischof von Rom hatte sich schon seit dem 4. Jahrhundert für jeweils kurze Zeit in entfernten Gebieten und auf Konzilien vertreten lassen. Im 5. Jahrhundert haben die Päpste Legaten, sogenannte Apokrisiare (von griech. *apokriarios* = der die Antwort überbringt), für längere Zeit an den kaiserlichen Hof nach Konstantinopel geschickt, um römische Botschaften zu übermitteln und die Reinheit der Glaubenslehre wiederherzustellen. Wie ein moderner Diplomat war der Apokrisiar außerdem für die Förderung der bilateralen Beziehungen und für die Berichterstattung zuständig. Schon damals galt das Amt des Apokrisiars, der in der byzantinischen Hauptstadt in einem prachtvollen Palast (Domus Placidiana) wohnte, als Karriereleiter: Bevor Gregor der Große (590–604) den Stuhl Petri bestieg, diente er als päpstlicher Vertreter bei Kaiser Tiberius II., wo er mit äußerstem Geschick und Autorität agierte.

Etwa gleichzeitig mit diesen nichtständigen Gesandtschaften nahmen bestimmte lokale Oberhirten ähnliche Funktionen auf Dauer wahr. Diese Apostolischen Vikare wurden vom Papst mit besonderen Vollmachten ausgestattet, um Erzbischöfe zu weihen, Partikularkonzilien einzuberufen und Differenzen zwischen einzelnen Oberhirten zu schlichten. Im Unterschied zu den Legaten bzw. Apokrisiaren, die meist als Priester oder Diakone entsandt wurden, bekleideten die Apostolischen Vikare den Bischofsrang. Ihre Institution hat bis heute überdauert: Verschiedene Erzbischöfe (Köln, Salzburg etc.) sind durch ihren Bistumstitel sogenannte *Legati nati* des Papstes, was aber heute keinerlei Bedeutung mehr hat. Das Recht des katholischen Oberhauptes, Vertreter in die Ortskirchen zu entsenden, um im Namen des Papstes zu handeln, wurde auf der Synode von Sardica 343/44 anerkannt, die damit als Geburtsstunde der päpstlichen Diplomatie gilt.

Die modernen ständigen Nuntiaturen entwickelten sich aus der Institution der päpstlichen Finanzagenten, die seit dem 13. Jahrhundert in Europa heimisch wurden. Solche Kollektoren, die eigentlich für das Einsammeln des Zehnten in verschiedene europäische Länder ausgesandt wurden, erhielten zusätzlich religiöse und diplomatische Aufgaben zugewiesen. Da sie im allgemeinen zuverlässig arbeiteten und über das nötige Ansehen verfügten, wurde diese Doppelfunktion zur Regel, besonders gegen Ende des 15. Jahrhunderts, als sich die Beziehungen des Heiligen Stuhls zu den Nachbarstaaten intensivierten. Die ersten ständigen Nuntiaturen wurden in Spanien und in Venedig um 1500 eingerichtet. Nur wenig später wurden auch bei anderen wichtigen Staaten Apostolische Nuntiaturen errichtet: kurz nach 1500 in Frankreich, 1513 beim Kaiser, 1560 in Turin und Florenz. Die innere Struktur und Organisation der päpstlichen Vertretungen wurde erst 1584 unter Gregor XIII. festgesetzt, der das gesamte Nuntiaturwesen in den Dienst der Durchsetzung der Trienter Konzilsbeschlüsse stellte und das Netz der Missionen auf 13 ausdehnte. Damit hatte diese diplomatische Einrichtung des Papsttums ihre bisherige politisch-wirtschaftliche Ausrichtung zugunsten einer innerkirchlichen eingebüßt. Gregor XIII. war es auch, der die permanenten Nuntiaturen in Klassen einteilte und protokollarische Fragen regelte. Er sorgte dafür, daß jeder Nuntius den Bischofsrang bekleidete, um ihm bei Verhandlungen mit weltlichen und besonders mit geistlichen Fürsten größere Durchsetzungskraft zu verleihen.

Wenn auch der diplomatische Dienst seit der Einrichtung der ständigen Nuntiaturen als Karriereleiter diente, kann doch die Tätigkeit im Ausland nicht als attraktiv bezeichnet werden. Nuntien – ganz überwiegend Italiener –, die über die Alpen ziehen mußten, klagten ohne Unterlaß über das schlechte Wetter, die Kälte, die Beschwerlichkeiten der Reise und unverdauliches Essen. Wenn auch solches Naserümpfen zu den üblichen diplomatischen Gepflogenheiten gehörte und gehört, so war doch die Bezahlung tatsächlich zu beanstanden: Nuntius Giovanni Poggi, der 1541 an den Kaiserhof ging, berechnete seine monatlichen Gesamtausgaben (Reisekosten und eigene Hofhaltung) mit 700 bis 800 Dukaten. Seine Einnahmen lagen dagegen nur bei 170 Dukaten. Das war keine Ausnahme in der Frühneuzeit; durchschnittlich mußten die Nuntien bis zu drei Viertel der Ausgaben aus dem eigenen Vermögen zuschießen. Den Heiligen Stuhl zu repräsentieren galt als Ehrensache, die wegen der hohen Kosten häufig genug nur dem Adel oder dem vermögenden Stadtpatriziat möglich war. Da faktisch jede Mission ein wirtschaftliches Verlustgeschäft war, wurden die Nuntien nach ihrer Rückkehr in Rom häufig mit reichen Benefizien bedacht – wenn die Mission erfolgreich verlaufen war. Das war jedoch längst nicht die Regel! Bei einem Pontifikatswechsel konnte selbst ein Gesandter mit Meriten in Ungnade fallen und ohne Entschädigung abgelöst werden. Der Dienst der persönlichen Agenten in der Ewigen Stadt war daher häufig eine Überlebensfrage für das diplomatische Personal im Ausland: Die Agenten berichteten über Vorgänge an der Kurie, loteten Stimmungen und Situationen am Hof aus und bereiteten die Rückkehr ihres Dienstherrn nach Rom vor.

Nach dem Westfälischen Frieden von 1648 ging der politische Einfluß der Apostolischen Nuntien deutlich zurück, was an der schwindenden Bedeutung des Heiligen Stuhls lag. Zum allgemeinen Bedeutungsverlust der Nuntiaturen trug auch der Ausbau des römischen Kongregationsapparates bei: eine technische Neustrukturierung der päpstlichen Verwaltung, die nun immer mehr Arbeit und Entscheidungskompetenz an sich zog. Dadurch wurde der persönliche Handlungsspielraum der Nuntien immer geringer. Diese erhielten wöchentlich präzise und knappe Instruktionen aus dem Staatssekretariat, das nun alle Fäden der päpstlichen Politik in Händen hielt und zum zentralen Organ der straff organisierten kurialen Verwaltung wurde.

Die Französische Revolution markierte den Tiefstand des päpstlichen Gesandtschaftswesens: 1808 waren nur noch zwei Nuntien im Amt, und zwar in Portugal und Österreich. Aber schon kurze Zeit später feierte die päpstliche Diplomatie auf dem Wiener Kongreß wahre Triumphe, als es um die vollständige Wiederherstellung des Kirchenstaates ging. Allerdings zeichneten für solche Meisterleistungen weniger die Nuntien als der mit Metternich befreundete Kardinalstaatssekretär Ercole Consalvi verantwortlich. Dieser Kongreß verabschiedete am 19. März 1815 auch ein Reglement für das diplomatische Korps, das seither in der gesamten zivilisierten Welt als verbindlich gilt. Die Nuntien und die päpstlichen Legaten wurden den Botschaftern als diplomatische Vertreter erster Klasse gleichgestellt, die das persönliche Vertretungsrecht ihres Souveräns besaßen. Das passive Gesandtschaftsrecht des Heiligen Stuhls – das Recht, Vertreter zu entsenden – wurde nun ebenfalls von der Völkergemeinschaft garantiert. Schwierigkeiten ergaben sich beim Ehrenvorrang: Hier wurde als Kompromißformel die bisher geübte Praxis festgeschrieben: Der Nuntius gilt als geborener Doyen des diplomatischen Korps. Wo dies auf Schwierigkeiten stieß, mußte per Sonderabmachung oder Konkordat der Ehrenvorrang des Nuntius gesichert werden.

Im Anschluß an den Wiener Kongreß dehnte sich der diplomatische Aktionsradius des Papstes aus; dies erforderte eine Umstrukturierung des Nuntiaturwesens. So mußten beispielsweise für die nach Unabhängigkeit strebenden Kolonialreiche Zwischenformen gefunden werden, um die frühere Hegemonialmacht nicht zu brüskieren: In die lateinamerikanischen Staaten Mexiko, Ecuador, Chile und Neu-Granada wurden seit 1836 sogenannte Internuntien (Vertreter der 2. Rangklasse) entsandt, die aber eine vollwertige außenpolitische Anerkennung symbolisierten. Daneben entsandte der Heilige Stuhl in Missionsgebiete und Territorien der Ostkirche schon seit 1762 Apostolische Delegaten, die allerdings rein innerkirchliche Aufgaben hatten. Auch sie gelten als päpstliche Vertreter, vor allem in den Ländern, die keine offiziellen diplomatischen Beziehungen zum Heiligen Stuhl unterhalten, wie etwa die USA bis 1984.

Eine weitere empfindliche Zäsur bedeutete das Ende des Kirchenstaates durch die italienische Einigungsbewegung, die dem Heiligen Stuhl nach 1870 das Recht bestritt, Nuntien zu entsenden und Botschafter zu empfangen. Dennoch blieben diese auf ihrem Posten; es kam sogar zu einer Ausweitung von 16 auf 36 Nuntien zwischen 1870 und 1929. Grund dafür war das zunehmende außenpolitische Prestige des Vatikans (Schlichterspruch in der Karolinenfrage 1885). Besonders im Ersten Weltkrieg verzeichnete das Papsttum durch seine Friedensliebe, seine unparteiische Haltung und seine humanitären Hilfsaktionen vermehrtes Ansehen.

Die Lateranverträge von 1929 garantierten dem Heiligen Stuhl das aktive und passive Gesandtschaftsrecht, wobei die auswärtigen Missionen ihren völkerrechtlich geschützten Sitz in Italien haben sollten. Während des Zweiten Weltkrieges sah das jedoch ganz anders aus: Als Italien 1940 in den Krieg gegen die Westalliierten eintrat, mußten der englische Gesandte beim Heiligen Stuhl und andere diplomatische Vertreter im Vatikan residieren. Dennoch erlebte die päpstliche Diplomatie unter Pius XI. und Pius XII. wahre Sternstunden – nicht zuletzt wegen der zahlreichen Konkordate, die zwischen 1917 und 1934 mit den meisten katholischen Staaten Europas abgeschlossen wurden. Für Pius XII. gab es scheinbar überhaupt nur zwei Instrumente, um mit den Problemen von Welt und Kirche umzugehen: das Kirchenrecht und die Diplomatie. Wen wundert es daher, daß unter Pius XII., der ohnehin alles am liebsten alleine regelte, das für die Beziehungen zu den Ländern zuständige Staatssekretariat enorm expandierte: Die bereits damals größte päpstliche Behörde mit ihren zwei Abteilungen verzeichnete zwischen 1944 und 1955 einen Personalzuwachs von 50 auf 146 Mitarbeiter.

Unter Paul VI. standen nicht mehr die Rechte der Kirche im Vordergrund des diplomatischen Dienstes, sondern eine verstärkte pastorale Ausrichtung. Entsprechend hatte Paul VI. 1969 den diplomatischen Dienst reformiert: Bislang galt der Nuntius als Vertreter des Papstes bei der Regierung; sein Aufgabenfeld war hierarchischer und administrativer Natur. Seit 1969 ist die Nähe zur Ortskirche, zu den Gläubigen gefragt. Darüber hinaus sah der stets loyale und geduldige Chefdiplomat des Papstes, Kardinalstaatssekretär Casaroli, die Attraktivität und Überlegenheit päpstlicher Diplomatie darin begründet, daß der Heilige Stuhl als «übernationaler Akteur» nicht auf politische, territoriale oder militärische Eigeninteressen Rücksicht zu nehmen braucht und daher die Probleme auf internationaler Ebene mit größerer Objektivität sehen kann. Die bereits im Ersten und Zweiten Weltkrieg erfolgreich geübte Unparteilichkeit war dann auch das Erfolgsrezept für eine päpstliche Diplomatie des 21. Jahrhunderts. Schon vor dem Zusammenbruch der kommunistischen Regime in Osteuropa optierten Papsttum und Kirche offen gegen eine rigorose Entscheidung für Ost oder West: Ausschlaggebend waren weder Staatsform noch Ideologie, sondern die Lebensumstände der Menschen. Dieser vom II. Vaticanum inspirierte Dialog mit jedermann, den Paul VI. auch mit den Entwicklungsländern führen wollte, geriet unter Johannes Paul II. zumindest ins Stocken. Bei aller dekretierten Neuorientierung vernahm man seit den siebziger Jahren immer wieder die Mahnung, endlich die neuen pastoralen Leitlinien umzusetzen. Außerdem wurde das päpstliche Personal bis in die achtziger Jahre fast ausschließlich von Italienern dominiert, wodurch sich besonders die junge Kirche in der Dritten Welt zurückgesetzt fühlte.

Nach dem Ende der kommunistischen Regime weitete sich der diplomatische Radius des Heiligen Stuhls erheblich aus. Häufig war der Vatikan das erste Völkerrechtssubjekt, das mit einem nach Unabhängigkeit und Demokratie strebenden Staat diplomatische Beziehungen aufnahm, um diesen Prozeß nachdrücklich zu unterstützen. Auch die Aufnahme von diplomatischen Beziehungen zum Staat Israel 1993 unterstreicht den poli-

tischen Charakter, den das Nuntiaturwesen unter Johannes
Paul II. erhalten hat. Damit ist gleichsam das Rad wieder zurückgedreht worden.

Ausbildung

Ihre Ausbildung erhält das Nuntiaturpersonal in der Päpstlichen Diplomatenakademie, die früher *Accademia dei nobili
ecclesiastici* hieß, da dort seit ihrer Gründung (1701) junge Ad-
lige im Auftrag des Staatssekretariats in Theologie, Kirchenrecht und Geschichte geschult wurden. Heute kommen eine so-
lide Staats- und Völkerrechtsausbildung hinzu und vor allem
das Studium von Sprachen. Dabei stehen nicht nur Fremdspra-
chen auf dem Stundenplan, sondern auch der rechte Sprach-
gebrauch mit behutsamen Werturteilen. In Kleingruppen wird
gegenseitig gefeilt, bis jeder im kurialen Stil sicher ist. In den Di-
plomatiekursen üben die jungen Kleriker die Interpretation und
Analyse von Reden und päpstlichen Schriftstücken und erlernen
die Abfassung von nüchternen Berichten über aktuelle theologische und gesellschaftliche Probleme. Die theologische Ausbildung kommt insgesamt zu kurz, weshalb sich das päpstliche
Auslandspersonal im Umgang mit Politikern leichter tut als in
der Diskussion mit Fachgelehrten. Die immer noch von Italienern dominierte Akademie erwartet in neuester Zeit auch pastorale Erfahrungen vor Eintritt in die Diplomatenschulung, die
aber selten mitgebracht werden. Das Einlaßkriterium schlecht-
hin ist immer noch die Empfehlung des eigenen Ortsbischofs
oder eines Kardinals; sonst bleiben die Tore bei der Kirche
S. Maria sopra Minerva verschlossen.

Über die Arbeit des Nuntius

Der Vatikan ist heute in über 170 Ländern diplomatisch vertreten. Ebenso viele beim Heiligen Stuhl akkreditierte ausländische
Botschaften gibt es in Rom. Bei den päpstlichen Diplomaten
kommt es jedoch zu Doppel- oder Mehrfachakkreditierungen,
vor allem in Afrika, im Nahen Osten und in Osteuropa. Personal wird auch innerhalb der Nuntiatur eingespart: Während

sich die US-amerikanische Botschaft in Paris über tausend An-
gestellte leistet, kommt der Heilige Stuhl dort mit etwa sieben
Mitarbeitern aus. Die Nuntiaturen liegen zumeist im Botschaf-
terviertel einer Hauptstadt. Wie die weltlichen Gesandtschaften
genießen auch sie Zollfreiheit, Exterritorialität und Immunität,
so daß hin und wieder ein gestürzter Diktator dort Zuflucht vor
dem eigenen Volk sucht.

Durch eine Vielzahl von ehrenamtlichen Mitarbeitern im
Gastland und den direkten Kontakt zu den Bischöfen des Landes zählt der Nuntius immer noch zu einem der bestinformier-
ten Diplomaten im Lande. Er reist gewöhnlich viel, erhält
Nachrichten selbst von Gemeindepfarrern und hat durch seine
Ehelosigkeit gewöhnlich längere Arbeitszeiten als der Botschafter einer großen Nation, der meist die Hauptstadt nicht verläßt
und selbst die Sprache kaum erlernt. Dagegen ist das Geschäft
des diplomatischen Personals beim Heiligen Stuhl weit weniger
arbeitsintensiv. In den achtziger Jahren bereitete ein britischer
Diplomat den neu angekommenen Gesandten Ihrer Majestät
folgendermaßen vor: «Das erste, was Sie im Kopf behalten müssen, ist, daß Sie absolut nichts zu tun haben. Und das zweite ist,
daß der Vatikan ein erstklassiger Horchposten ist. Halten Sie
also die Ohren offen!» Obwohl – oder gerade weil – die Mission beim Heiligen Stuhl mehr gesellschaftliche Verpflichtungen
mit sich bringt als politische oder administrative, haben die
meisten europäischen Staaten den Posten in Rom als Erste-
Klasse-Botschaft deklariert, der nur verdienten Diplomaten vor
der Pensionierung vorbehalten ist.

Die Arbeit des Nuntius ist ungleich heikler. Seine Zwitterstellung – die außenpolitische Repräsentation des Heiligen Stuhls
sowie sein rein geistlich-religiöser Auftrag – verleiht ihm in der
Dritten Welt häufig eine Vermittlerfunktion zwischen dem Lan-
desepiskopat und der Regierung, vor allem, wenn innenpoliti-
sche Krisen oder antikirchliche Aktionen von Regierungsseite
vorliegen. Gut organisierte Episkopate unterhalten jedoch eine
eigene Kontaktstelle zur Regierung, wie etwa das Katholische
Büro in Berlin, die die kirchenpolitische Mittlerfunktion des
Nuntius obsolet macht. Der päpstliche Vertreter kommt erst ins

Spiel, wenn es direkt um Angelegenheiten des Heiligen Stuhls geht. Der Nuntius genießt zwar bei den Regierungen und den weltlichen Diplomaten, dessen Doyen er in der Regel ist, hohes Ansehen, nimmt aber in der nationalen Kirchenpolitik einen immer geringeren Stellenwert ein.

Der Alltag eines Nuntius sieht folgendermaßen aus: Er berichtet über das Meinungsspektrum und die Wünsche der Bischöfe, des Welt- und Ordensklerus sowie der Laien. Außerdem beobachtet er die Landespresse und kirchlich-theologische Publikationen und informiert die Kurie über etwaige Abweichungen von der Rechtgläubigkeit. Alleine kann die personell unterbesetzte Nuntiatur einen solchen Informationsdienst, bei dem es nicht zuletzt um Existenzen gehen kann, nicht leisten. Sie ist auf externe Mitarbeiter und Informanten, in der Regel seit Jahren bewährte konservative Gewährsmänner, angewiesen, die ihr Material zuspielen. Man kann jedoch nicht annehmen, daß dieses in Rom detailliert ausgewertet und verarbeitet wird – auch dort fehlt es schlicht an Personal.

Deutlichstes Beispiel für den Einfluß der Nuntiaturen ist die Ernennung der Bischöfe, zumal der Weihbischöfe. In Ländern, die kein Konkordat mit dem Heiligen Stuhl abgeschlossen haben, kann der Vatikan die Oberhirten laut kanonischem Recht frei ernennen, so daß den dortigen Nuntiaturen oberste Priorität zukommt. Schon im Vorfeld informieren sie sich über Privatleben, Tugenden und Untugenden, Stärken und Schwächen der potentiellen Bischofskandidaten, die viel größere Erfolgsaussichten haben, wenn sie in Rom bereits mit diesem oder jenem Kardinal bekannt sind. In Deutschland dagegen gilt durch viele Länderkonkordate das Vorschlagsrecht der Nachbarbischöfe und der Domkapitel. Hier hat die Nuntiatur sogenannte Informativprozesse über die von der Ortskirche bzw. von Rom gewünschten Kandidaten durchzuführen. Bei der Ernennung der Weihbischöfe hat der Heilige Stuhl rechtlich freie Hand, er wird jedoch meist auf die Wünsche des Ortsbischofs Rücksicht nehmen. Bei den Informativprozessen befragt die Nuntiatur Kleriker und Laien über Befähigung und mögliche Einwände gegen einen Bischofsaspiranten, wobei die Informanten zu strengster Geheimhaltung verpflichtet sind, was in der Praxis jedoch nur selten gewährleistet ist. Häufig arrangiert man für den «Spitzenkandidaten» in Rom eine Zusammenkunft, um sich im Entscheidungsgremium – dem Staatssekretariat oder der Bischofskongregation – ein Bild zu machen. Vor der Ernennung durch den Papst muß der Nuntius das Einverständnis des Auserwählten einholen, was in einem völlig inoffiziellen Rahmen, etwa auf dem Rollfeld eines Flugplatzes oder am Rande eines Festaktes erfolgen kann. Der spätere Kölner Kardinal Joseph Frings hat schalkhaft auf eine solche Anfrage die charakteristische dreifache Antwort gegeben: «Erstens bin ich überrascht; zweitens bin ich unwürdig, nehme aber drittens dankend an!»

Neben der Einflußnahme auf die Zusammensetzung des Landesepiskopats hat der Nuntius das Recht, an der Eröffnungssitzung der Bischofskonferenz eines Landes teilzunehmen, ferner an allen weiteren Sitzungen, wenn der Heilige Stuhl oder die Bischöfe das wünschen. Eine solche Kontroll- und Beratungsfunktion haben die deutschen Bischofskonferenzen noch im 19. Jahrhundert abgelehnt. Bei allen Sitzungen von Ordensgemeinschaften kann der Nuntius selbst entscheiden, ob er teilnimmt. Dabei hat er Anspruch auf vollständige Akteneinsicht. Der Heilige Stuhl ist also bestens informiert über alle kirchenrelevanten Vorgänge eines Landes – sofern er die Vielzahl von Informationen, die ihm von den Nuntien oder über andere Kanäle zufließt, zu nutzen weiß. Ein immer wieder für Aufsehen sorgender Vorgang ist die Beobachtung der Lehre an kirchlichen Fakultäten und Hochschulen.

6. Das päpstliche Finanzwesen

Die Organisation eines Defizits

Das Finanzgebaren der Päpste gilt immer noch als Buch mit sieben Siegeln. Zu Unrecht! Längst gibt der Heilige Stuhl Art und Umfang einzelner aktueller Haushaltsposten bekannt – wenn auch nicht alle –; längst liegen wissenschaftliche Untersuchungen selbst über die moderne Wirtschaftspolitik des Vatikans vor. Die epochale Zäsur des modernen päpstlichen Finanzwesens bildete die Besetzung Roms durch die Truppen der italienischen Einigungsbewegung 1870. Für das (noch verbliebene) Vermögen des Papstes wurde 1878 eine eigene Güteradministration eingerichtet, die auch die weltweit alljährlich am 29. Juni gesammelte Spende für den Papst, den Peterspfennig, verwaltete. Die Lateranverträge von 1929 veränderten den bisherigen päpstlichen Haushalt grundlegend. Seit der Barockzeit war die päpstliche Schuldenlast allmählich ins Unbezahlbare angewachsen, und in den Krisenzeiten des 19. Jahrhunderts hatte man sich nur durch Rothschild-Kredite über Wasser halten können. Das vatikanisch-italienische Finanzabkommen sicherte nachhaltig die Existenzgrundlage der Vatikanstadt und des Papsttums: Zu einer Abfindung von 750 Millionen Lire in bar kamen Kredite in Form von Staatspapieren im Wert von einer Milliarde Lire, die damals insgesamt etwa 91 Mio. US-Dollar entsprachen. Durch den niedrigen Kurswert wurden im Juni 1929 allerdings nur umgerechnet rund 80 Mio. US-Dollar ausbezahlt. Damit ist der Heilige Stuhl jedoch nicht als reich zu bezeichnen. Vor allem seit den siebziger Jahren kommt der Papst nicht mehr ohne Zuschüsse aus finanzkräftigen Diözesen wie Chicago und Köln aus, da die seit Paul VI. enorm angewachsene Verwaltung für Vatikan und Weltkirche sowie das ebenso rapide ausgeweitete Nuntiaturnetz immer größere Summen verschlingen. So wurden zwischen 1960 und 1978 16 neue Kurien-

abteilungen eingerichtet, durch die sich die Zahl der bei der
Kurie Beschäftigten nahezu verdoppelte. Hinzu kommen Miß-
management und unrentable Investitionen, etwa in Immobilien-
besitz in Rom. Die Eigenmittel des Vatikans, die von den Lateranverträgen herrühren, sind heute nahezu erschöpft. Der
Peterspfennig, Spenden und beträchtliche Finanzspritzen von
ausländischen Diözesen bestreiten heute zu einem großen Teil
die Unkosten der weltkirchlichen Zentralverwaltung. Außerdem decken Einnahmen aus dem Verkauf von Münzen und
Briefmarken, aus Zollgebühren und Eintrittsgeldern der Museen, ferner Sondereinnahmen, zum Beispiel aus dem Verkauf
von Exklusivrechten bei der Restaurierung der Sixtinischen
Kapelle, sowie großzügige Spenden immer stärker den Finanzbedarf des Papstes. Bei kostenintensiven Einrichtungen wie
Radio Vaticana (Bilanzdefizit 1994: 30,5 Mrd. Lire) behalf man
sich in den neunziger Jahren durch einen finanzpolitischen
Trick, indem man solche Posten aus der Gesamtbilanz heraus-
nahm und durch Drittmittel finanzierte. Dennoch schreibt der
Vatikan seit Jahren wieder rote Zahlen. 2002 weitete sich das
Budgetdefizit des Heiligen Stuhls auf 13,5 Mio. Euro aus (Ein-
nahmen: 216,6 Mio., Ausgaben: 230,1 Mio. Euro). Auch die
Bilanz des Vatikanstaates weist in jenem Jahr ein Minus von
16 Mio. Euro auf.

Das Geld der Lateranverträge wurde von der 1929 gegründe-
ten *Amministrazione Speciale della Santa Sede* angelegt und
verwaltet, die später zur *Sezione Straordinaria*, der Spezialabtei-
lung der *Amministrazione del Patrimonio della Sede Apostolica*
(APSA) wurde. Die APSA, die 1968 ihre gegenwärtige zweiglie-
drige Form erhielt und aus der oben erwähnten Güterverwaltung des Heiligen Stuhls hervorging, ist das zentrale Finanz-
organ des Vatikans, das neben der Verwaltung der Einkünfte
auch den Haushalt der Apostolischen Paläste, der Kongregationen und kurialen Ämter betreut. Seit 1968 teilt die APSA jedem
Dikasterium seinen Jahresetat zu und kontrolliert die Ausgaben. Damit obliegen dieser Behörde fast alle Finanzangele-
genheiten des Heiligen Stuhls wie die Verwaltung der Güter und
Immobilien, die Lohn- und Pensionszahlungen, der Unterhalt

des Kardinalskollegiums und der Auslandsvertretungen sowie die Gebäudeinstandhaltung. Die *Sezione Straordinaria* der APSA agiert gewissermaßen wie eine vatikanische Zentralbank. Sie ist eng mit der internationalen Finanzwelt verbunden und arbeitet beispielsweise mit dem Internationalen Währungsfonds (IWF), der Weltbank und der Bank von England zusammen. Der APSA steht eine Gruppe aus fünf Kardinälen vor, und auch der Präsident ist ein Purpurträger, während in den beiden Abteilungen überwiegend tatsächliche Finanzexperten tätig sind.

Neben der APSA gibt es 50 weitere kuriale Institutionen, die zwar eine selbständige Finanzverwaltung besitzen, aber dennoch von der APSA kontrolliert werden. Sie alle weisen seit Beginn der siebziger Jahre einen defizitären Haushalt auf. Ursache hierfür war das explosionsartige Anwachsen der päpstlichen Verwaltung nach dem Zweiten Vatikanischen Konzil. 1991 wurden allein an Ruhestandsgehältern knapp zehn Mio. US-Dollar an frühere Vatikanbedienstete gezahlt. Dieser sprunghafte Anstieg war jedoch nicht durch Mehreinnahmen gedeckt. Die Einkünfte wurden fatalerweise noch dadurch dezimiert, daß sich die päpstliche Wirtschafts- und Finanzpolitik seit den sechziger Jahren umorientierte: Das gewandelte Selbstverständnis des Vatikans als arme Kirche führte zwischen 1968 und 1972 zu einer Reduzierung weltwirtschaftlicher Verflechtungen und zu einer Hinwendung zum italienischen Finanzplatz. Insgesamt ist heute das zu geringe Investitionskapital zu verstreut und aus Sicht des Finanzexperten – nur wenig risikofreudig angelegt, um den größer werdenden Finanzbedarf der Kurie decken zu können.

Der Vatikan steckt heute finanzpolitisch in einem Dilemma: Sparen wird nicht thematisiert und eine effiziente und professionelle Finanzverwaltung scheitert am Geheimhaltungssyndrom der Kurie sowie an ihrem Mißtrauen gegenüber eigenverantwortlichen Laien. Bisher hat es keinen ernsthaften Versuch gegeben, die Ausgaben der kurialen Verwaltungstätigkeit zu beschränken; so könnten etwa die päpstliche Sternwarte oder künstlerische bzw. wissenschaftliche Akademien privatisiert oder in eine Stiftung überführt werden. Statt die Vermögensverwaltung kompetenten Laien zu übertragen, appelliert man in der Finanznot an die Spendenfreudigkeit der Gläubigen in aller Welt. Schon Ende der achtziger Jahre haben Kurienkardinäle auf die Verantwortung aller Katholiken für das Funktionieren der Zentralverwaltung hingewiesen. Spenden werden immer noch als wichtigste, unmittelbarste und moralisch unbedenklichste Einnahmequelle bezeichnet. Dabei erfuhr die traditionelle Spende aller Gläubigen der Weltkirche, der zu 30 Prozent aus den USA kommende Peterspfennig, eine eigentümliche Umwidmung: Er wurde nicht mehr wie bisher für die direkten seelsorglichen Aufgaben des Heiligen Stuhls verwendet, sondern zur Finanzierung der päpstlichen Verwaltung.

Die Vatikanbank (IOR)

Das *Istituto per le Opere di Religione* (IOR), die sogenannte Vatikanbank, ist nicht zu verwechseln mit der vatikanischen Zentralbank, der APSA. Im IOR werden etwa 10000 Konten von Diözesen, Pfarreien, Ordensgemeinschaften, Vatikanangestellten, Klerikern und vom beim Heiligen Stuhl akkreditierten diplomatischen Korps geführt. Privilegierte Laien erhalten die Möglichkeit, dort ein Konto zu eröffnen, wenn sie dem Geldinstitut wenigstens 10 Prozent ihrer Einlagen oder eine Pauschalsumme vermachen. Das IOR wurde 1942 in seiner heutigen Form ins Leben gerufen, um den Ordensgeneralaten einen unabhängigen Finanzplatz zu bieten. Ursprünglich gedacht für die internationale Abwicklung von Geldgeschäften der Ordenshäuser – daher der Name –, ist die Vatikanbank längst ein internationaler Geldumschlagplatz geworden, der auch Devisenkonten führt.

Der Reingewinn der Bank, deren Bilanzen immer noch geheim sind, wird bis zu 85 Prozent dem Papst für sein weltweites Hirtenamt überwiesen; der Rest dient zur Deckung der eigenen Verwaltungskosten. Mitte der neunziger Jahre lagen die jährlichen Gewinne bei etwa 32 bis 40 Mio. bei einem Gesamtvermögen von rund vier Mrd. US-Dollar. Hatte sich der Heilige Stuhl in den sechziger Jahren bei seinen Spar- und Kreditgeschäften auf italienische Bankhäuser und Unternehmen konzentriert, trat er in den Siebzigern immer stärker in das internationale Investmentgeschäft ein, als der US-amerikanische Erzbischof Paul Casimir Macinkus 1971 den Chefsessel des IOR übernahm. Der Sohn eines in die Vereinigten Staaten ausgewanderten Litauers übernahm kein leichtes Amt; man erwartete, daß er bei der Umgruppierung des vatikanischen Vermögens und bei rentablen Investitionen außerhalb Italiens tatkräftig zupacken würde. Nun stieß der Vatikan seine traditionellen Beteiligungen (51 Prozent) an Schweizer und italienischen Bankhäusern allmählich ab und vertraute bei wichtigen Bankspekulationen immer stärker auf die beiden Bankiers Michele Sindona und Roberto Calvi. Der Sizilianer Sindona, an dessen steilem Aufstieg Paul VI. nicht unschuldig war, kontrollierte 1972 146 internationale Banken und Unternehmen mit einem Wert von knapp acht Milliarden US-Dollar, die durch Kurswertverluste, die Ölkrise und den Vietnamkrieg rapide zusammenschmolzen. Durch die direkte Beteiligung an Sindonas Unternehmen und die von ihm durchgeführten Finanztransaktionen für die APSA ging vor allem die Vatikanbank aus dem Bankenzusammenbruch von 1974 mit empfindlichen Verlusten hervor (die allerdings durch die hohen Gewinne der bisherigen Geschäftsbeziehungen wettgemacht wurden), während die APSA durch rechtzeitige Verkäufe von unsicheren Aktienpaketen Gewinne erwirtschaftete. Sindona selbst, dem nun Verbindungen zur Mafia und zur geheimen Freimaurerloge P2 nachgewiesen wurden, heuerte einen Killer für den Konkursverwalter seines früheren Mailänder Unternehmens an, wurde deswegen 1986 zu einer lebenslänglichen Haftstrafe verurteilt und starb kurz darauf an einem vergifteten Espresso. Bereits dieser Zusammenbruch hätte der Kurie deutlich machen müssen, daß das Desinteresse am eigenen Finanzgebaren schädliche Folgen haben muß; weder Paul VI. noch seine nächste Umgebung waren über die Arbeitsweise und die Investitionsstrategie der Vatikanbank informiert gewesen.

Der Lombarde Roberto Calvi hatte ähnlich wie Sindona in wenigen Jahren ein internationales Bankenimperium mit weitreichenden und undurchschaubaren Verflechtungen aufgebaut.

Illegaler Kapitalexport und unkontrollierter Um- und Ausbau des von ihm geleiteten Geldinstituts *Banco Ambrosiano* führten dazu, daß die Einrichtung 1981 die größte italienische Privatbank mit 13,3 Mrd. US-Dollar Einlagen wurde. Der IOR-Präsident Macinkus stieg mit Aktien-Beteiligungen bei verschiedenen Unternehmen Calvis ein und gab sogar Garantieerklärungen für die Gründung und Arbeit von zehn Briefkastenfirmen ab. Vor allem zwischen 1978 und 1981 stieg der Anteil des IOR von 1,85 auf 30 Prozent an der *Ambrosiano Holding*, obgleich die italienische Bankenaufsicht bereits 1978 eine gründliche Revision der Bankunterlagen vorgenommen und wegen Vergehens gegen das Devisenausfuhrverbot ermittelt hatte. 1981 wurde der unnahbare Bankier Calvi wegen dieses Delikts zu einer mehrjährigen Haftstrafe verurteilt, die jedoch durch ein späteres Berufungsverfahren wieder aufgehoben wurde. Das desaströse Unternehmen nahm dann ohne offizielle Bürgschaften bei 250 europäischen Bankhäusern Kredite auf, für die Macinkus im Spätsommer 1981 eine Schuld von 1,2 Mrd. US-Dollar übernahm, die alte Garantieerklärung aber kündigte. Etwa ein Jahr später wurde wegen Illiquidität der Zahlungsstopp des Mailänder Bankhauses erklärt und das Institut unter Zwangsverwaltung gestellt. Calvi, dem ebenfalls Beziehungen zur katholischen P2-Loge nachgesagt wurden, endete im Juni 1982 unter mysteriösen Umständen erhängt unter einer Londoner Themse-Brücke.

Die Mailänder Staatsanwaltschaft leitete fast gleichzeitig Ermittlungsverfahren gegen Macinkus und zwei weitere Bankiers des IOR ein, die im Februar 1987 zu Haftbefehlen wegen «Beihilfe zum betrügerischen Bankrott» führten. In einem bislang beispiellosen Akt verlangte der italienische Staat die Auslieferung der drei Bankiers, die sich auf vatikanischem Boden befanden. Der Heilige Stuhl lehnte dieses Gesuch mit Hinweis auf Artikel 11 des Konkordats von 1929 ab, der die Einmischung Italiens in die zentralen Organisationen der Kirche verbot. Der Streitfall kam schließlich vor das italienische Verfassungsgericht, das die Haftbefehle im Juli 1987 aufhob. Um Gras über die Sache wachsen zu lassen, blieb Erzbischof Macinkus bis

1990 im Vatikan und ging dann endgültig in seine US-amerikanische Heimatdiözese Chicago.

Trotz des starken öffentlichen Drucks lehnte der Heilige Stuhl
grundsätzlich jede Verantwortung am Bankenzusammenbruch
ab. Aufgrund der von Calvi widerrufenen Garantieerklärung
konnte Kardinalstaatssekretär Casaroli im Juli 1982 jede Ver-
bindlichkeit des Vatikans zurückweisen. Man ließ sich dann aber
dennoch auf mehrmonatige Verhandlungen ein und einigte sich
1984 mit den 119 Gläubiger-Banken auf die Zahlung von
406 Mio. US-Dollar, den die Repräsentanten von Calvis Impe-
rium aufbringen mußten, wobei die Vatikanbank eine «freiwil-
lige Leistung» von 240 Mio. US Dollar übernahm. Im Gegenzug
für diese «moralische Verpflichtung» wurde der Heilige Stuhl
von allen juristischen Konsequenzen befreit. Viel schwerer als
die finanzielle Krise wog aber der Vertrauensverlust. Die Vatikanbank als Geschäftspartner illegaler Devisenspekulanten, dessen Manager noch dazu per Haftbefehl gesucht wurden, stellte
das offizielle Bild vom armen Vatikan in Frage. Die internationale Presse schlachtete über Jahre hinweg diesen Finanzskandal
zum Nachteil des Heiligen Stuhls aus. Auch innerhalb der Kirche
wurde Unmut über das päpstliche Finanzgebaren laut, zumal
Macinkus auch weiterhin die Vatikanbank als Präsident leitete.
Vor allem die italienische Linke und Vertreter der «Laizisten»
äußerten sich empört über den Finanzskandal und die Straffrei-
heit des Vatikans. In Italien mehrten sich sogar Stimmen, Artikel 11 des Konkordats von 1929 zu kündigen. Zu ähnlicher Kritik kam es erneut 1998, als der Oberst der Schweizergarde
ermordet wurde, ohne das von italienischer Seite eine krimina-
listische Untersuchung durchgeführt werden konnte. Die staatliche Souveränität des Vatikans geriet in der Öffentlichkeit in
den Verdacht, Instrument zur Verschleierung von Straftaten zu
sein.

Der entscheidende Impuls für eine neue Weichenstellung kam
wie so oft in der Kirchengeschichte von auswärts: Deutsche und
nordamerikanische Ortskirchen, auf deren Spendenfreudigkeit
der Vatikan angewiesen war, mahnten in jenen Jahren unüber-
hörbar eine Professionalisierung päpstlichen Wirtschaftens an.

Der Kölner Erzbischof Joseph Kardinal Höffner, der selbst
ein promovierter Volkswirt war, lieferte 1987 ein Reformpro-
gramm für die Vatikanbank, das 1988 erste Wirkung zeigte.
Eine vierköpfige Expertenkommission erarbeitete weitere Vor-
schläge, die ein Jahr später umgesetzt wurden: Seit Ende Juni
1989 wird die Vatikanbank von einem Aufsichtsrat aus fünf
internationalen Wirtschafts- und Finanzexperten geleitet. An
der Spitze steht seither ein zumeist norditalienischer Bankier.
Das Amt des Präsidenten des IOR wurde abgeschafft, und Macinkus schied aus der Finanzverwaltung der Bank aus. Formell
verantwortlich ist seit dieser Zeit die Kardinalskommission der
APSA, zu der auch der Kardinalstaatssekretär gehört. Direktor
und Vizedirektor sind nun Finanzfachleute und keine Kleriker.
Außerdem wurde ein Gremium von drei Finanzprüfern ins
Leben gerufen, das dem Aufsichtsrat untersteht. Geschäfte und
Bilanzen des vatikanischen Bankhauses werden halbjährlich
vom außerkurialen *Consiglio di Cardinali*, einer Gruppe von
15 auswärtigen Kardinälen, kontrolliert. Dieser 1982 neuge-
schaffene Rat bündelt das Gewicht der Weltkirche und hat nach
dem Papst in allen wirtschaftlichen und organisatorischen Fragen der kirchlichen Zentralverwaltung das letzte Wort.

Die Neuorganisation der Bank bedeutet jedoch nicht mehr
Transparenz für das vatikanische Finanzgebaren. Im Gegenteil!
Die Bankenskandale haben das gesamte Personal der Vatikanbank sensibilisiert, so daß heute jeder, der den mittelalterlichen
Turm am Apostolischen Palast betritt, wo sich die Schalterhalle
und die Verwaltung befinden, von mehreren Wachen kritisch
und mißtrauisch beobachtet wird. Kleinere und mittlere «Ungereimtheiten» verbreiten sich wie ein Lauffeuer bei der Verwaltung und beim engeren Kundenkreis der Bank, wie überhaupt
der Vatikan ein «Informationsbüro» ersten Ranges für Interna
ist.

Einkommensverhältnisse

Seit 1929 machen Personal- und Personalnebenkosten den
größten Teil aller Ausgaben des Papstes aus. Noch zu Beginn
der dreißiger Jahre reichte das Einkommen des Vatikans zur

Deckung aller Kosten aus. Die Gesamtzahl der aktiven Vatikanangestellten belief sich 1932 auf 205 Personen; heute sind es
etwa 3800. Zudem sind die Gehälter sprunghaft um das etwa
Zwanzigfache angestiegen, die päpstlichen Einnahmen jedoch
nur um das Drei- bis Vierfache. Vor allem seit dem Ausbau der
Kurie nach dem Zweiten Vatikanischen Konzil herrscht akute
Finanznot, die aus dem explosionsartigen Zuwachs an neuen
Mitarbeitern und der Internationalisierung des Personalbestan-
des resultiert. Für die gewachsene Zahl von Gehaltsempfängern
mußten seit 1959 mehrere Lohnerhöhungen gewährt werden,
um die kurialen Bezüge den rasant steigenden Lebenshaltungs-
kosten und der Inflationsrate in Italien anzupassen.

Verglichen mit Italien und anderen Staaten zahlt der Vatikan
niedrige Gehälter. Für das untere und mittlere Personal werden
solche Einbußen durch steuerfreien Einkauf, verbilligte Wohnungen etc. aufgefangen. Der Präfekt einer Kongregation ver-
dient etwa so viel wie ein deutscher Kaplan; ein Erzbischof in
der Kurienverwaltung bezieht in etwa das Gehalt einer gehobe-
nen Sekretärin in Deutschland. Das alles ist steuerfrei. Die Kardinäle, die ebenfalls vom Vatikan besoldet werden, erhalten als
Dienstwagen einen dunkelblauen Fiat Regatta, der im stadtrömischen Straßenverkehr, der bekanntlich von Äußerlichkeiten
beherrscht wird, nichts hermacht. Der oberste Senat der Kirche
fährt damit nichts anderes als das Einsatzfahrzeug der Polizei.
Anders die deutschen Kardinäle. Ihnen wird von renommier-
ten deutschen Automobilfirmen eine aufwendige Limousine zur
Verfügung gestellt. Auch sind die deutschen Kurialen wirt-
schaftlich wesentlich besser gestellt: Die heimatliche Bischofskonferenz leistet nämlich einen Finanzausgleich für die in Rom
im Vergleich zu Deutschland unterbezahlten Prälaten.

7. Kirche und Medien – zwei Welten?

Das Diktum, daß Kirche und Medien zwei ge- und verschiedene Welten seien, wird von Kirchenvertretern häufig resignierend in den Mund genommen, wenn die schlechte Presse zu kirchlichen Großereignissen, päpstlichen Verlautbarungen und Aktionen kommentiert wird. Hat die Kirche Schwierigkeiten im Umgang mit Presse, Rundfunk und Fernsehen? Die eigenen, kostspieligen Medien, die in Deutschland kaum bekannt sind, erreichen nur einen ganz eingeschränkten Adressatenkreis. In den letzten Jahrzehnten, besonders unter Johannes Paul II., ist von seiten des Heiligen Stuhls sehr viel getan worden, um diesem Mißstand abzuhelfen. In den kirchlichen Medien findet jedoch nur selten eine Debatte über die Situation des Katholizismus und die Aktionen des Papstes statt. Das läßt die Presse, den Rundfunk und das Fernsehen des Vatikans zu puren Sprachrohren des Papstes werden, die häufig als langweilig wahrgenommen werden.

Den Einstieg in die Welt der modernen Massenmedien vollzog das Papsttum mit einer Abwehrhaltung: 1832 wurden die Medien durch die Enzyklika *Mirari Vos* feindlich beurteilt. Das hing nicht zuletzt damit zusammen, daß die unabhängigen Presseorgane des 19. Jahrhunderts zumeist liberale und revolutionäre Gedanken transportierten, die die weltliche Existenz des Papsttums in Frage stellten. Das Mißtrauen gegenüber der veröffentlichten Meinung durchzog spätestens seit der Französischen Revolution die Geschichte der Päpste.

In der Zeit nach dem Zweiten Weltkrieg, in der die modernen Massenmedien eine immer größere Rolle spielten, entdeckte auch das Papsttum die gesellschaftliche Bedeutung von Film und Fernsehen. Auf dem Zweiten Vatikanischen Konzil als positiv, wenn auch nicht unkritisch beurteilt, intensivierte der Vatikan seine Medienarbeit vorsichtig. Dabei blieb bis heute die starke Zentralisierung und direkte Abhängigkeit der Medien vom

Staatssekretariat verbindlich, das über die Nuntiaturen direkt über die lokale Situation informiert ist.

Vom *Osservatore Romano* zum Internet

Das erste moderne Kommunikationsmittel der Römischen Kurie, der *Osservatore Romano*, entstand in der Krisenzeit des Kirchenstaates: Nachdem 1859 die Romagna dem Patrimonium Petri verlorenging und 1860 Umbrien und die Marken folgten, war die weltliche Herrschaft des Papsttums durch die italienische Einigungsbewegung aufs äußerste bedroht. Der 1861 ins Leben gerufene italienischsprachige *Osservatore*, der der kirchenpolitischen «Kampftruppe» des Papstes, den Jesuiten, anvertraut wurde, setzte sich den Erhalt des Kirchenstaates und die Auseinandersetzung mit den antikirchlichen und antiklerikalen Kräften Italiens zum Ziel. Gleichzeitig verstand er sich als Informationsorgan, das den Standpunkt des Papstes und der Römischen Kurie wiedergeben sollte. Vor allem als Augusto Baviera 1866 Chefredakteur geworden war, erhielt der *Osservatore* in den letzten Gefechten der säkularen päpstlichen Herrschaft eine noch stärkere politische Note, die sich in den nächsten Jahren zu einer Abrechnung mit den Trägern des geeinten liberalen Staates auswuchs. Dabei kam es auch zu antisemitischen Attacken und unverhohlenen Angriffen auf die Freimaurerei, die man hinter der antikirchlichen Gesetzgebung vermutete. Während des Ersten Weltkriegs bezog das Blatt, das nun vollständig zum Sprachrohr des Papstes in dessen Bemühen um die Beendigung des Konflikts wurde, eine unparteiliche Position, um den kirchenpolitischen Aktionsradius der Kurie nicht zu behindern. Während des italienischen Faschismus, vor allem im Zweiten Weltkrieg, stand das halboffizielle Blatt wieder «auf der anderen Seite»: So bezog es 1931 gegen führende italienische Politiker Stellung im Kampf um die kirchliche Laienorganisation, die Katholische Aktion. 1938 geißelte das Journal die Diskriminierung und Verfolgung von Juden, und seit 1939 kommentierte es das Kriegsgeschehen kritisch, ohne allerdings die von Pius XII. vorgegebene Linie der strikten Unparteilich-

keit zu verlassen. Dennoch gab es von Faschisten gelenkte An-
griffe auf das vatikanische Presseorgan sowie Proteste und Dro-
hungen gegen den Papst selbst: Nach der deutschen Besetzung
der Benelux-Staaten 1940 veröffentlichte Pius XII. seine Verurteilung der militärischen Grausamkeit im *Osservatore Romano.*
Am nächsten Morgen wurden Käufer und Verkäufer des Blattes
von Faschisten mißhandelt und Zeitungsbündel öffentlich verbrannt. Der italienische Botschafter drohte dem Papst sogar
«schwerwiegende Vorfälle» in der Zukunft an.

Nach dem Krieg verlief die vatikanische Pressearbeit in ruhi-
geren Bahnen; politische Äußerungen im Vatikanblatt verur-
sachten nun kaum mehr diplomatische Verwicklungen. Das
hing nicht zuletzt mit der schwindenden Bedeutung des päpstlichen Mediums zusammen, das im April 1972 rechtlich neu
strukturiert wurde. Seither ist die Zeitung Eigentum des Heiligen Stuhls und direkt dem Staatssekretariat unterstellt. Der
Chefredakteur, ein Laie, sowie sein Stellvertreter werden vom
Papst ernannt. Am «Innenleben» des Blattes änderte sich jedoch
wenig. Recherchen und Kommentare sind nicht vorgesehen.
Zwar ist in vatikanischer Diktion immer davon die Rede, daß
die Spalten die Meinung der Redakteure widerspiegeln; jeder
weiß jedoch, daß bei einer Abweichung vom «kirchenpolitischen Kurs» eine Intervention des Staatssekretariats droht.

Obgleich der Einzugsbereich seit Kriegsende sukzessive ausgedehnt wurde – 1949 kam eine französische, 1968 eine englische,
1969 eine spanische und portugiesische und 1971 eine deutsche
Wochenausgabe hinzu –, gehen die Absatzzahlen immer stärker
zurück, so daß das Blatt ein reiner Unkostenfaktor für den Vatikan ist. (Die deutsche Wochenausgabe wird von der Deutschen
Bischofskonferenz bezuschußt.) Selbst die katholischen Laien
Italiens haben dem Presseorgan des Vatikans, das meist in lang-
weiliger Aufmachung überwiegend Ansprachen des Papstes ab-
druckt, weitgehend den Rücken gekehrt. Der Absatz ist auf unter 30 000 Exemplare gesunken, die zumeist an Kuriale, Bot-
schaftspersonal und Priester in der römischen Seelsorge verteilt
werden. Unter Johannes Paul II. gibt der Vatikan auch eine polnische Monatsausgabe heraus. In seinem Pontifikat ist das Blatt

viel stärker international orientiert, berichtet breit über die zahlreichen Pastoralvisiten des Papstes und nimmt Stellung zu internationalen Fragen.

Trotz des Niedergangs dieses Presseerzeugnisses sind andere Medien stark expandiert, vor allem innovative Einrichtungen. Die seit 1966 bestehende *Sala stampa*, der Pressesaal des Heiligen Stuhls, wurde 1988 neu strukturiert und untersteht nun auch dem Staatssekretariat. Wann immer der Vatikan wichtige Schreiben veröffentlicht, werden diese in der *Sala stampa* vor den rund 400 beim Vatikan akkreditierten Journalisten aus aller Welt von einem Kardinal oder zuständigen Bischof erläutert. Leicht fällt es den Kirchenmännern nicht, die Nachfragen und Attacken der Pressevertreter zu parieren. Solche Unsicherheiten kennt Johannes Paul II. nicht, der von einigen Journalisten als «Showmaster Gottes» tituliert wird: Regelmäßig nimmt er etwa 20 Medienvertreter mit auf seine Reisen, für die ein eigenes «Journalistenabteil» im Flugzeug reserviert ist. Als er noch bei guter Gesundheit war, wechselte er bei langen Flügen häufig in ihren Bereich, um geduldig und polyglott alle Fragen zu beantworten.

Der medienbewußte Papst aus Polen kümmerte sich ebenfalls um das Fernsehen. 1983 wurde das Vatikanische Fernsehstudio CTV (*Centro Televisio Vaticano*) gegründet, das Sendungen zu religiösen, kulturellen und wissenschaftlichen Themen ausstrahlt. Als einzige päpstliche Medieninstitution kann es sich durch den Verkauf von eigenen Produkten und Spenden selbst finanzieren. Der *Päpstliche Rat für die sozialen Kommunikationsmittel*, wie der 1988 eingerichtete Medienrat offiziell heißt, bemüht sich darum, daß Film, Funk, Fernsehen und Presse «immer mehr von humanem und christlichem Geist durchdrungen» werden. Er soll die örtliche Medienarbeit der Kirche, vor allem Presse, Hörfunk und Fernsehen, beraten und anregen. Zusätzlich stimuliert und intensiviert er die entsprechenden katholischen Vereinigungen vor Ort und erarbeitet Rundbriefe und Hirtenworte, die am «Welttag der Kommunikationsmittel» in den Kirchen verlesen werden. Außerdem prüft er die wahrheitsgetreue Übermittlung von kirchlichen Nachrichten und Lehr-

äußerungen, ist somit ein Kontrollinstrument der Kurie. Entscheidungskompetenz kommt dem Rat nur zu, wenn es um
Übertragungs- und Filmrechte für auswärtige Film- und Fern-
sehanstalten geht, etwa bei Filmaufnahmen im Petersdom oder
bei Live-Schaltungen für den päpstlichen Oster- und Weih-
nachtsgottesdienst. Auch das Internet hat der aufgeschlossene
Papst in sein Verkündigungsprogramm einbezogen, und zwar
auf Anregung einer Franziskanerschwester: Längst existiert eine
mehrsprachige Website des Vatikans (www.vatican.va), die neben harmlosen Statistiken auch den Volltext neuester päpstlicher
Verlautbarungen bietet. Der Pontifex hat im Februar 2001 sogar
einen Schutzpatron für das Surfen im Internet kreiert: Isidor von
Sevilla (ca. 560–636), der den damaligen Wissensstand durch
ein zwanzigbändiges Wörterbuch systematisch erschlossen hat.

Radio Vaticana

Das Vorurteil, der Vatikan reagiere mit einer gewissen Verzögerung auf aktuelle Entwicklungen, vor allem was die moderne
Medienlandschaft angeht, wird gerne mit dem Hinweis auf den
päpstlichen Radiosender widerlegt. Unzweifelhaft waren es die
neue staatliche Souveränität und die Weltmission, die Pius XI.
dazu bewogen, der neuen Erfindung positiv gegenüberzustehen.
Guglielmo Marconi, der 1901 mittels Radiowellen eine draht-
lose Verbindung über den Atlantik hergestellt hatte, erhielt kurz
nach der Unterzeichnung der Lateranverträge vom Papst den
Auftrag, im Vatikan eine eigene Rundfunkanstalt einzurichten. Am 12. März 1931 sandte Pius XI. stolz die erste Radio-
botschaft persönlich an die Weltöffentlichkeit: «Die Erde höre
die Worte aus meinem Munde. Oh höret alle Völker …» Diese
technisch-propagandistische Neuerung wurde zunächst zur
Übertragung von wissenschaftlichen und religiösen Nachrichten genutzt. Vom Vatikanhügel aus vernahm die Welt in der ersten achtjährigen Probephase regelmäßig Neues aus dem Apostolischen Palast und der Päpstlichen Akademie der Wissenschaften. In dieser Zeit wurden erste Studios eingerichtet, die
unter der Leitung von Jesuiten ab 1939 regelmäßig internatio-

nale Radioprogramme erarbeiteten. Ähnlich wie der *Osservatore Romano* wurde auch *Radio Vaticana* im Zweiten Weltkrieg
zu einem Politikum. Selbst rein sachliche und vorsichtige Berichte über die Folgen des Kriegsgeschehens für den religiösen
Bereich reizten die totalitären Regime in Italien und Deutschland zu diplomatischen Demarchen. So erhob die deutsche
Botschaft nach einer englischsprachigen Meldung über die
Schließung von katholischen Schulen und Priesterseminaren in
Elsaß-Lothringen Mitte Oktober 1940 heftigen Protest: Die Unabhängigkeit des Vatikansenders sei inakzeptabel, und der Heilige Stuhl müsse sich auf schärfste Reaktionen gefaßt machen,
wenn eine derartige Berichterstattung fortgesetzt werde. Seither vermied der letzte freie Radiosender jeden Kommentar,
da die Fakten für sich sprächen, wie das Staatssekretariat meinte. Nach mehrfachen deutschen Protesten verfügte Pius XII.
Ende April 1941, Nachrichtensendungen über die Situation in
Deutschland eine Zeitlang ganz auszusetzen. Das veranlaßte die
britische Seite zu Beschwerden über das Schweigen von *Radio
Vaticana*. Gegen Kriegsende rückten die rund 1,2 Mio. politisch
unverfänglichen Suchmeldungen in den Vordergrund des Sende-
betriebs.

In der Nachkriegszeit entfaltete der päpstliche Sender eine
zunehmende Aktivität. Hatte man bereits 1940 damit begonnen, tägliche Programme in italienischer, französischer, englischer, spanischer und deutscher Sprache auszustrahlen, kam
nun die heute bekannteste Sendung hinzu, die Nachrichten
über Kirche und Papsttum, die in sieben Weltsprachen aus-
gestrahlt wurde. Mit der Einweihung der großen Sendeanlage
im 18 Kilometer nordlich von Rom gelegenen *S. Maria di
Galeria* expandierte die Kapazität des Senders 1957 beträcht-
lich. Diese Neuerung machte es erst möglich, das Zweite Vatikanische Konzil in 3000 Sendestunden in 30 Sprachen zu übertragen.

1967 reformierte Paul VI. neben allen übrigen Medieninstitu-
tionen des Heiligen Stuhls auch *Radio Vaticana*, die 1970 in die
heutigen Studios am Ende der *Via della Conciliazione* umzog.
Damit gingen alle Leitungsfunktionen vom Programm- bis zum

technischen Direktor auf die Jesuiten über. Johannes Paul II.
stattete den Sender mit modernster Technik aus und ordnete ihn
dem Staatssekretariat unter. Verständlicherweise wurde unter
dem polnischen Papst der Sektor der osteuropäischen Sprachen
bedeutend ausgebaut, so daß die Anstalt zu einem antikommu-
nistischen Instrument ersten Ranges avancierte. Damit hatte der
Radiosender seine frühere politische Dimension unversehens
zurückerhalten. *Radio Vaticana* trat aber immer wieder dafür
ein, die UdSSR nicht zu dämonisieren; vor allem Ende der achtziger Jahre kommentierte man den Reformkurs Michail Gor-
batschows gedämpft optimistisch. Das zahlte sich sofort aus:
Die Sowjets schränkten ihre Störmanöver gegen die vatikanische Welle erheblich ein – zur Freude der zahlreichen Katholiken in der Ukraine, in Armenien und den baltischen Staaten,
für die unzensierte Meldungen über die Weltkirche erhebliche
Bedeutung hatten.

Nach der politischen Wende in Osteuropa verstärkte der Sender seine Berichterstattung aus der Weltkirche und verlegte sich
auf «Koproduktionen», mit denen man einen größeren Hörer-
kreis erreichte. So übernahm in Polen eine staatliche Rundfunkanstalt die qualitätvolle Nachrichtensendung von *Radio Vaticana* und erreichte damit vier Millionen Zuhörer. Außerdem
rückten Ökumene, religiöse Basisinformation und interkultu-
reller Dialog in den Vordergrund. Für den Vatikansender gibt es
keine Trennung von In- und Ausland. Das Personal ist aus über
35 Nationen bunt zusammengewürfelt. Schon bei einem Gang
durch die beengten Senderäume unweit der Engelsburg entdeckt man Weltkirche auf engstem Raum, die sich in einem ba-
bylonischen Sprachengewirr äußert.

Der hohe technische Aufwand und die Personalkosten sind
auch der Grund dafür, weshalb immer wieder über die Abschaf-
fung des Vatikansenders diskutiert wird. Er finanziert sich heute
größtenteils aus Spenden, vor allem aus den Vereinigten Staaten. Das Hauptproblem der Anstalt ist jedoch ihre geringe Bekanntheit: Der Chef der deutschen Sektion, Pater von Gemmin-
gen SJ, nennt sie deshalb «Geheimsender». Das deutsche Programm (MW 1530 kHz; KW 5880, 7250, 9645 kHz) wird aber

immerhin von etwa 50 000 Stammhörern und etwa einer Million Gelegenheitszuhörern empfangen.

Die Stimme aus Rom ist ein Staatssender; darüber wacht das übergeordnete Staatssekretariat. Journalistischer Freiheit und Problemdiskussion sind im Vatikan enge Grenzen gesteckt. Das bedeutet aber nicht, daß der *Osservatore Romano* oder *Radio Vaticana* ausschließlich die Meinung des Papstes wiedergeben. Seit einigen Jahrzehnten versucht man, kritische Positionen in den Ortskirchen wahrzunehmen und in die Berichterstattung zu integrieren.

8. Wie lebt der Papst?

Ein Tag im Leben Johannes Pauls II.

«Wie kein anderer vor ihm hat dieser Papst die Medien als Mittel der Verkündigung genutzt», pflegte einmal derjenige zu sagen, der es wissen mußte, da er als einer der «Papstmacher» gilt: Kardinal Franz König aus Wien. Diese umfassende Aussage über das aktuelle Pontifikat benennt Stärken und Schwächen einer Person im höchsten Amt der katholischen Kirche, das Johannes Paul II. als seelsorgliche Mission und nicht als administrative Aufgabe versteht. Sein Drang nach *publicity* kann auch nicht vor seinem Privatleben haltmachen, das noch der scheue Paul VI. peinlich verborgen hielt. Hatte sich dieser noch eine kostspielige Dachterrasse in Form eines benediktinischen Kreuzgangs auf seine Privatwohnung im Apostolischen Palast bauen lassen, «um nicht gesehen zu werden und selbst nichts sehen zu müssen» (Paul VI. gegenüber Guitton), so weiß jeder einigermaßen Interessierte über Johannes Paul II. als abendlichen Hobbykoch Bescheid, der in den ersten Monaten seines Pontifikats zur Bewirtung seiner verblüfften Gäste flugs ein paar Eier in die Pfanne schlug. Statt eines Kreuzgangs in luftiger Höhe diente ihm ein 25-Meter-Schwimmbecken in Castelgandolfo für die morgendliche Rekreation, das – auch solche Worte gingen nach der kurzen Amtszeit von Johannes Paul I. um die Welt – «viel billiger ist als ein neues Konklave». Dieser Papst ist nahezu nie privat und will das offensichtlich auch so: Der Papst im Skidress, der Papst mit Cowboyhut, der Papst im Zelt bei einer Übernachtung unter freiem Himmel – die Öffentlichkeit war in den ersten Jahren an diesem völlig unkonventionellen Vatikanrebellen ungemein interessiert. Der Papst mit Koalabär, der Papst im Gefängnis, der Papst in Bergmannskluft – stets belagert von Paparazzi. Der Papst in der Badehose – auch davon gab es 1981 Bilder! Strenggenommen hatte Paul VI. mit dem Imagewechsel des Papsttums begonnen. Er wollte als Mensch zu Menschen sprechen, kam zu Fuß in den Audienzsaal und trennte sich vom barocken Pomp vergangener Jahrhunderte ebenso wie von päpstlichen Machtansprüchen, indem er die Tiara verkaufte. Johannes Paul II. hat in vielen äußeren Dingen an einem zeitgemäßen Erscheinungsbild des Papsttums weitergebaut, innerkirchlich aber eher das Rad zurückgedreht, was sich besonders in den letzten Jahren beobachten läßt.

Ein Papst, der bewußt so intensiv die Medien beschäftigt, hat einen transparenten Tagesablauf. Er läßt Journalisten und Fotografen in seine Privatgemächer im dritten Stock des Apostolischen Palastes, die vorher absolute Tabuzone waren. Noch Pius XI. hatte in den dreißiger Jahren selbst seine engsten Verwandten nicht in seinen Privaträumen empfangen, sondern in den Audienzräumen im zweiten Stock. Die Trennung zwischen dem öffentlichen und privaten Bereich des Palastes ist nun endgültig aufgehoben. Bewußt hat Johannes Paul II. sein Privatleben zu einem Instrument des Regierens gemacht. In den letzten Jahren sind hier allerdings gesundheitsbedingt große Abstriche gemacht worden, da er nun mehr und mehr auf den Rollstuhl angewiesen ist. Daher gehört der folgende idealtypische Tagesablauf auch in Teilen der Vergangenheit an:

Um 5 Uhr früh klingelt sein polnischer Reisewecker. Der Papst steht aber erst um 5.30 Uhr auf, wenn ihm sein seit Jahrzehnten bewährter Privatsekretär Stanisław Dziwisz ein Glas Orangensaft ans Bett bringt. Selbstverständlich steht der Sekretär Seiner Heiligkeit im Rang eines Erzbischofs – nicht nur we-

gen seines Einflusses auf seinen Dienstherrn, sondern auch aus
Dank für seine unersetzlich treuen Dienste. Denn es ist eine bit-
tere Wahrheit, daß mit dem Tod eines Papstes auch seine Umgebung «stirbt». Dziwisz ist zwar nicht der erste Privatsekretär im
Rang eines Erzbischofs, wohl aber derjenige, der sich in dieser
Position im Vatikan Respekt und eine einflußreiche Stellung
verschafft hat.

Nach dem Aufstehen betet der Papst als erstes. Johannes
Paul II. ist ein sehr ausgiebiger, intensiver und stark meditativer
Beter. Nach dem Breviergebet widmet er sich seiner zweiten
Lieblingsbeschäftigung, der sportlichen Ertüchtigung in einem
eigens eingerichteten Gymnastik- und Fitness-Raum. Um 7 Uhr
beginnt die Messe in seiner Privatkapelle, die ganz nach dem
Geschmack des Papstes eingerichtet wurde: Decke und Wände
sind polnisch bunt gehalten; ein Bild der Madonna von Tschenstochau darf unter dem monumentalen Kruzifix über dem Altar
nicht fehlen. In der Mitte der Kapelle steht ein schwerer Bronze-
sessel, von dem aus er noch in den neunziger Jahren die Messe ze-
lebriert hat – nicht allein, wie noch zu Pius' XII. Zeiten, sondern
stets mit Personen aus seiner Umgebung (wie schon Paul VI.)
oder vorzugsweise mit bis zu 40 Gläubigen aus aller Herren
Länder. Im Anschluß an den Gottesdienst versammeln sich die
Geistlichen und Gläubigen in der mehr als schlichten Privatbibliothek des Papstes zu einer kurzen Begegnung. Dann werden mit jeder Person einige persönliche Worte gewechselt. Anschließend erhält man den obligatorischen Rosenkranz aus der
Hand des Papstes.

Johannes Paul II. ist ganz Theologe und nicht so umfassend
kulturgeschichtlich belesen wie Paul VI., der viel müheloser über
literarische Probleme plaudern konnte als mit einer Theologen-
kommission ein Fachgespräch führen. Johannes Paul II. liest dagegen systematisch vor allem theologische und philosophische
Literatur, ganz wie in Zeiten, als er noch Professor für Moral-
theologie in Lublin war. Aber auch die Naturwissenschaften und
die Belletristik – diese freilich nur im Urlaub – stehen auf dem
Leseplan. Deutsche Lyrik, etwa Rilke, schätzt er besonders. Hatte bereits Paul VI. die völlig überfüllten päpstlichen Apparte-

ments entrümpelt und vom Pomp, Schnörkel und Damast
vergangener Zeiten befreit und durch einen Mailänder Designer-
Stil ersetzt, so führte Johannes Paul II. diese Modernisierung
weiter und hat die etwas freudlos wirkende Wohnung in ein pol-
nisch-italienisches Ambiente verwandelt. Blumen, grüne Brokat-
vorhänge und italienische Meister schmücken seinen privaten
Wohnsalon, der trotz der kultivierten Ausstattung durch und
durch schlicht wirkt wie der Hausherr.

Um 8.30 Uhr frühstückt der Papst in Gesellschaft unitalie-
nisch ausgiebig. Statt schwarzem Kaffee und Croissants wie
seine Vorgänger nimmt er Rührei mit Schinken, Schwarzbrot
und Roastbeef zu sich. Wegen der Parkinsonschen Krankheit
wird ihm in den letzten Jahren alles vorbereitet, so daß er die
Speisen nur noch zu Munde führen muß. Bei Tisch ist der Pontifex Maximus schlicht, unkompliziert und spontan. Außer den
polnischen Schwestern und dem venezianischen Kammerdiener
ist kaum Personal zu sehen. Die Kurie funktioniert zwar immer
noch wie ein veritabler Hof, allein der Hofstaat mit dem früher
üblichen Mundschenk, Obersten Palastwächter, Truchseß u. a.
ist seit Paul VI. abgeschafft. Mit der unnatürlichen Isolierung
und Sakralisierung der ganz profanen Lebensbedürfnisse, die
seit der Gegenreformation üblich wurden, ist es endgültig vorbei. Johannes Paul II. läßt sich darüber hinaus ungern bedienen,
ißt mit gutem Appetit und unterhält sich angeregt in verschiedenen Sprachen mit seinen Gästen, Freunden oder Mitarbeitern.
Gelegentlich finden hier bereits wichtige Absprachen, Diskussionen und ein Austausch von Informationen statt, die der Seelsorge oder der Kirchenverwaltung dienen.

Erst zwischen 9 und 11 Uhr sitzt der Papst allein am Schreibtisch, läßt sich von seinem Privatsekretär das Tagesprogramm
vorlegen, kann nun Redetexte redigieren, Amtsakten durchge-
hen oder sich auf anstehende Gespräche vorbereiten. Zwischen
11 und 13 Uhr finden die täglichen Privataudienzen statt, außer
dienstags, mittwochs und sonntags, wo Generalaudienzen und
Gottesdienste anstehen. Den Dienstag hält sich der Papst für die
Vorbereitung der großen Mittwochsaudienzen frei. Die Privataudienzen werden ihrem Namen tatsächlich gerecht (von lat.

audire = hören): Hier hört der Papst an, was ihm von seinen kurialen Mitarbeitern oder Gästen vorgetragen wird. In den letzten Jahren kommt es aber immer häufiger vor, daß der kranke
Papst beim Vortrag seiner kurialen Mitarbeiter vor Erschöpfung einschläft. Das Verlesen der Dokumente geht dann aber
unbeeindruckt weiter. Dabei sind diese Privataudienzen das
eigentliche Regierungsinstrument des Papstes, der seine Entscheidungen traditionell nach Vortrag und kurzer Diskussion
fällte. Die päpstliche Unterschrift unter einem Dokument – sei
es eine Bulle, ein Breve oder eine Enzyklika – ist dann nur noch
eine Formsache, die am Schreibtisch erledigt wird. Die Audienzen waren früher der einzige direkte Kontakt zwischen Papst,
Kardinälen, Bischöfen und schlichten Gläubigen, als es noch
keine mittwöchlichen Generalaudienzen, sonntäglichen Besu-
che in römischen Pfarrgemeinden und päpstlichen Reisen im In-
und Ausland gab. Und tatsächlich erreicht Johannes Paul II.
persönlich, also ohne Rundfunk und Fernsehen, Millionen Menschen.

Der Begriff «privat» im Zusammenhang mit den Audienzen
ist irreführend. Er setzt diese Audienzen von den Staatsempfän-
gen und den Ad-limina-Besuchen der Bischöfe ab, jener turnus-
mäßigen Rechenschafts- und Informationsreise der Oberhirten
der Ortskirche nach Rom. Die etwa 500 Privataudienzen pro
Jahr finden meist in der Privatbibliothek im zweiten Stockwerk statt; bei größeren Gruppen aber auch in den angrenzenden barocken Audienzsälen mit Marmor- und Freskendekor,
die die überwältigende Herrlichkeit des Papsttums zum Ausdruck bringen. Ähnlich wie bei Paul VI. wird praktisch jede
prominente Persönlichkeit empfangen, die dies wünscht: Staats-
und Regierungschefs, deren Audienz jeder Fernsehzuschauer
ausschnittweise in den abendlichen Nachrichtensendungen ver-
folgen kann, religiöse Würdenträger, Sportler, Künstler, Pop-
und Showstars – ohne Rücksicht auf Konfession und moralischen Lebenswandel. Wichtiger aber als Staatsempfänge und
Audienzen für Kleriker, Klosterschwestern und Kulturschaffen-
de sind die für die eigenen Mitarbeiter aus der Kurie: Hier werden die drängenden täglichen Probleme der Kirchenverwaltung

und -politik besprochen. Verständlicherweise hat der Chef der wichtigsten Verwaltungseinheit, der Kardinalstaatssekretär, in der Regel mindestens zweimal pro Woche Audienz beim Heiligen Vater.

Um 13.30 Uhr findet das Mittagessen statt. Auch hierbei verzichtet der Papst nicht auf Geselligkeit und Unterhaltung: Vor Auslandsreisen werden gut informierte Persönlichkeiten zu Tisch gebeten; mittwochs ist regelmäßig sein römischer Vikar zu Gast, der für ihn die Verwaltung des Erzbistums Rom versieht. Die Speisen sind polnisch und spartanisch: polnische Kohlsuppe, wenig Fleisch und ein Glas Milch, selten Wein mit Wasser verdünnt.

Nach der etwa halbstündigen Siesta setzt sich der Pontifex an den Schreibtisch, um sich um die Verwaltung zu kümmern. Bis etwa 18.30 Uhr tut er das, was man vom Oberhaupt von etwa 1,1 Milliarden Katholiken eigentlich erwartet: Er liest und bearbeitet Akten, was er nicht gerne tut. Vatikan-Insider spotten, daß der Papst deshalb so gerne auf Reisen geht, um der Verwaltungstätigkeit zu entkommen. Tatsächlich aber begleiten ihn selbst im Flugzeug Aktenberge. Es ist aber eine bekannte Tatsache, daß diese Art von Tätigkeit nicht zu den Stärken von Johannes Paul II. gehört. Viel lieber sitzt er am Telefon und unterhält sich direkt mit den Menschen, als daß er trockene Materie wälzt und Entscheidungen anhand von Personalakten fällt. Pius XII. und Paul VI. galten als Päpste, die entschieden, aber nicht diskutierten. Sie saßen unentwegt und einsam am Schreibtisch und musterten mit Kennerblick die ihnen in schriftlicher Form vorgelegte Materie. Paul VI. brütete regelmäßig bis tief in die Nacht hinein über seinen Akten und brauchte nur etwa vier bis fünf Stunden Schlaf. Sein großer Lehrmeister Pius XII. bestellte nach dem Tod seines Kardinalstaatssekretärs Luigi Maglione 1944 keinen Nachfolger, sondern machte nun alles alleine. Selbst als er 1958 in der Todesagonie kurzzeitig aufwachte, verlangte er als erstes nach seinen Akten.

Um 18.30 Uhr finden für etwa eine Stunde Audienzen für die wichtigsten Mitarbeiter des Papstes statt. Dann geht er zu Tisch – früher häufig mit Gästen, die in Zusammenhang mit den Ereignissen der Woche standen. Meist nimmt er schlicht Brote und Milch zu sich. Bei solchen Mahlzeiten kommt es häufiger vor, daß der Papst spontan das Fernsehen einschaltet, um die neuesten Nachrichten zu sehen. Nach dem Rosenkranzgebet um 20 Uhr setzt sich der Herr des Vatikans nochmals an den Schreibtisch, wo er den nächsten Tag vorbereitet, Bücher liest und den Pressespiegel entgegennimmt. Jeder Romführer zeigt seinen Gästen das hell erleuchtete Fenster im dritten Stock des sonst dunklen Apostolischen Palasts, hinter dem sich der Papst noch mit Schriftstücken herumplagt. Womöglich frönt das Kirchenoberhaupt seiner Lieblingsbeschäftigung: Fernmündliche Gespräche über das obligatorische rote Telefon. Zwischen 22 und 22.30 Uhr ist der Arbeitstag von Johannes Paul II. beendet. Ganz anders als seine Vorgänger gönnte er sich zu Beginn seines Pontifikats Freizeit. Er zog sich in seinen Privatbereich zurück, hörte Musik (bevorzugt Chopin und Bach) oder las. In seinen ersten Amtsjahren hatte er wie als Kardinal in Krakau bis tief in die Nacht Gedichte und Meditationen verfaßt. Gegen 23 Uhr wurden dann die Lichter gelöscht, und der Pontifex ging nach dem nächtlichen Stundengebet zu Bett.

Der «gedopte» Papst

Mit zunehmendem Alter und wachsender körperlicher Schwäche werden die Erholungsphasen des Papstes immer länger, vor allem, wenn er von Auslandsreisen in den Vatikan zurückkehrt. Dann müssen die Amtsgeschäfte warten und Zeremonien abgekürzt werden. Vor allem, als im Juli 1992 ein Tumor am Dickdarm diagnostiziert wurde, war der Taten- und Reisedrang des Papstes gebremst. Seit seiner Hüftoperation im April 1995 wirkt er müde, schmerzbeladen und gebrechlich. Italienische Zeitungen berichteten fast wöchentlich von der Vielzahl von Medikamenten, ohne die er gar nicht mehr lebensfähig sei. Und das öffentliche Angelus-Gebet vom Fenster des Apostolischen Palastes, das sich jeden Sonntag um 12 Uhr wiederholt, hält der Großteil der versammelten Menge nur mit Hilfe einer Aufbauspritze für möglich. Auch das ist für den erfahrenen Hof-

beobachter nichts Neues: Über Paul VI. berichtete man von
ähnlichen Praktiken vor dessen Generalaudienzen, und auch
Pius XII. kam im Alter nur durch Frischzellenbehandlungen
über die Runden. Die immer gravierender werdende körperliche Schwäche von Johannes Paul II. führte 1995 sogar so
weit, daß er den traditionellen Weihnachtssegen *Urbi et Orbi*
unterbrechen mußte, da ihn ein plötzliches Unwohlsein plagte.
Außerdem macht dem Papst in den letzten Jahren die Parkin-
sonsche Krankheit schwer zu schaffen, weshalb seine Mahlzeiten zwangsläufig immer einsamer geworden sind. In letzter Zeit
findet auch die Frühmesse, ohnehin auf acht Uhr verlegt, nicht
mehr mit auswärtigen Gästen statt. Das Papaya-Vitamin-Prä-
parat, das ihm ein französischer Arzt im Frühjahr 2003 ver-
abreichte, kehrte die Entwicklung jedoch um: Der immerhin
83jährige Pontifex Maximus schien vor Energie zu sprühen,
wirkte ungewöhnlich energisch und spontan und schien wie
ausgewechselt. Im doppelten Sinne: Irgendwie gleicht der sich
ständig schüttelnde, nun wieder deutlicher artikulierende Mann
sich selbst nicht mehr. Seine engste Umgebung wird diese Ver-
änderung eines sich offensichtlich wieder durchsetzenden
Oberhaupts mit gemischten Gefühlen sehen. Ganz ungewohnt
schlägt er nun mit der Faust auf den Tisch und will aller Welt
beweisen, daß mit ihm noch zu rechnen ist. Zur Stabilisierung
seines körperlichen Zustandes hat sicherlich der nun endlich
von ihm akzeptierte Rollstuhl beigetragen, den er sogar ganz
öffentlich bei den höchsten Feierlichkeiten im Petersdom be-
nutzt. Geschickte Kameramänner und die mit unendlichem Er-
findungsreichtum begnadeten römischen Handwerker machen
die päpstliche Immobilität für den flüchtigen Betrachter ohnehin unkenntlich.

Schon seit Jahren beschwören Vatikankenner – gefragt oder
ungefragt –, daß Johannes Paul II. trotz seiner offensichtlichen
körperlichen Gebrechlichkeit immer noch über ein fabelhaftes
Gedächtnis und einen vitalen Verstand verfüge. In den letzten
Monaten berichten Augenzeugen aus dem Apostolischen Palast
auch Gegenteiliges. Fest steht jedenfalls, daß das Elixier und das
beherzte Engagement des Papstes gegen den Irak-Krieg (2003)

die verhalten formulierten Forderungen nach Rücktritt zum
Schweigen gebracht haben. Statistiken zufolge scheint der Ge-
brechliche, aber innerlich agil Wirkende auch bei zahlreichen
Jugendlichen gepunktet zu haben. Das 25jährige Amtsjubi-
läum, das man im Oktober 2003 feierte, gab dem zähen Polen
ähnlich wie das große Jubeljahr 2000 ganz offensichtlich Kraft
zum Durchhalten – gilt es doch einen neuen Rekord in der
Papstgeschichte des 20. Jahrhunderts aufzustellen. Nur Pius IX.
hat mit 32 Amtsjahren länger regiert.

Der Papst auf Reisen

Wenn Johannes Paul II. als der «eilige Vater» bezeichnet wird,
dann bezieht sich das nicht auf seine Spontaneität oder einen
überzogenen Aktionismus. Von seiner Umgebung wird ihm zu
Recht ein ausgeglichener Charakter ohne sprunghafte Anwand-
lungen bescheinigt. Viel eher ist damit seine ausgiebige Reisetätigkeit gemeint. Er steht damit in einer relativ kurzen Tradition. Noch im 19. Jahrhundert sah man Pius IX. in einer elegan-
ten Kalesche durch die Stadt Rom traben und sich leutselig nach
dem Ergehen von Passanten erkundigen. Unzählige Anekdoten
kursierten über dieses bunte Geschehen in den verwinkelten
Gassen der Ewigen Stadt. Nach 1870 war es selbst mit solchen
Ausfahrten vorbei. Der Papst war nicht mehr Herr der Stadt,
sondern nur noch Gefangener im Vatikan. Obgleich sich das
Kirchenoberhaupt nach den Lateranverträgen von 1929 auch in
Italien frei bewegen konnte, begann doch erst Johannes XXIII.
mit größeren Ausflügen. Pius XII. hatte es vorgezogen, wie seine unmittelbaren Vorgänger den Vatikan zu hüten und nur sehr
selten in die Stadt zu fahren. Faschismus und Krieg haben dem
stets politisch-diplomatisch Taktierenden solche Exkursionen
ohnehin erheblich erschwert.

Sein Nachfolger Johannes XXIII. brach als erster aus dem
Vatikan aus. Zwar hinderten ihn seine Korpulenz, seine Krankheit und nicht zuletzt sein Alter an längeren Reisen, doch unternahm er immerhin Ausflüge in die Umgebung Roms sowie eine
Wallfahrt nach Assisi. Paul VI. galt von Anfang an als sehr rei-

sefreudig und zog sich damit die Kritik der Zeitgenossen zu.
Schon im Jahr nach seiner Wahl unternahm er eine spektakuläre
Reise nach Jerusalem, wo er als erster Papst die heiligen Stätten
besuchte und nach über 500jähriger Trennung den orthodoxen
Patriarchen von Konstantinopel brüderlich umarmte. Auch die
weiteren Reisen des Montini-Papstes spiegeln das vitale kirchenpolitische Anliegen seiner Reisen wider, die bereits damals
als Pilgerreisen deklariert wurden. Die zweite große Reise führte Paul 1964 zum Eucharistischen Kongreß nach Bombay, die
dritte zum Sitz der Vereinten Nationen nach New York (1965).
Bereits hier wird deutlich, daß der eigentlich scheue und in sich
gekehrte Montini die konzentrierte Weltöffentlichkeit für seine
Friedensbotschaften nutzte, etwa als er vor der UNO das Ende
des Krieges in Vietnam forderte. Neben solchen politischen
Aktionen bestimmten immer wieder innerkirchliche Themen
und ökumenische Aspekte seine ausgedehnte Reisetätigkeit in
alle Welt. So waren Inhalte, Charakter und Ziele der Reisen für
Johannes Paul II. schon vom Vorgänger vorgezeichnet. Sogar
seine letzten geheimen Wünsche, eine Reise nach Peking und
eine Messe auf dem Roten Platz, scheinen von Paul VI. bereits
vorgedacht worden zu sein. Hinzu kamen Wojtyłas anfangs robuste körperliche Konstitution und seine typisch polnische Rei-
sefreudigkeit. Niemand ahnte damals allerdings, daß er bis
Mitte 2003 hundert Auslandsreisen absolvieren würde.

Die Reisen Johannes Pauls II. in 132 Länder aller Kontinente,
die durchweg als private Pilgerreisen deklariert sind, haben zum
größten Teil politischen Charakter. Seine dritte Deutschland-
reise nach Berlin zeigte dies überdeutlich, als er das Branden-
burger Tor nach der Wiedervereinigung durchschritt, zu der er
einen politisch-diplomatischen Beitrag geleistet hatte. In seine
polnische Heimat ist er gleich neun Mal geflogen, was allerdings persönliche Gründe hat. Vielleicht versteht man von
jenem Standort aus sein Reise-Pontifikat am besten: Der polnische Katholizismus steht für eine Massenreligiosität, die sich
häufig unter freiem Himmel manifestiert. Wer je das polnische
Nationalheiligtum Tschenstochau besucht hat, weiß, daß man
sich zu Hunderttausenden vor dem Gotteshaus versammelt, um

den Glauben zu erleben. Die Papstvisiten in Polen brachten stets einige Millionen Katholiken auf die Beine, die teilweise wochenlange Fußmärsche auf sich nahmen, um den Papst zu sehen und mit ihm die Messe zu feiern. Johannes Paul II. versteht sich selbst ganz als volksnaher Pilger, der das Bad in der Menge liebt. Das gab es vorher nicht. Keiner vor ihm ist so viel gereist, hat so medienwirksam seine Ziele gewählt und Landessitten aufgegriffen. Obgleich die zahllosen Visiten als Ausdruck des päpstlichen Zentralismus gedeutet werden können, ist häufig das Gegenteil beabsichtigt: Das Kirchenoberhaupt will gerade dort präsent sein, wo die wirtschaftlichen Möglichkeiten für eine Rom-Reise nicht gegeben sind. Außerdem versucht er, die Lokalkirche durch die Betonung ihrer eigenen Identität zu stärken, etwa durch die Selig- und Heiligsprechungen von Landsleuten vor Ort. Das bringt dann stets die zuständige Kongregation in Rom in arge Bedrängnis, die andere Kandidaten zurückstellen muß, um den entsprechenden Beatifikations- bzw. Kanonisationsprozeß rechtzeitig abzuschließen.

Aber auch andere Behörden in Rom und im Gastland plagen sich Jahre vorher mit der Vorbereitung einer Reise. Die Hauptlast der Organisation der Pastoralvisiten liegt beim italienischen Jesuitenpater Roberto Tucci, der die päpstlichen Wünsche in Einklang mit dem vor Ort politisch und technisch Möglichen bringen muß. Das erfordert nicht nur ein Höchstmaß an diplomatischem Geschick und Fingerspitzengefühl, sondern bisweilen auch Härte im Umgang mit den ausländischen Regierungsvertretern.

So volksnah und kommunikativ sich der Papst auswärts auch immer geben mag, seine Botschaft ist nichts anderes als römisch, traditionell und konservativ, wenn es um den Glauben geht. Kritiker werfen ihm vor, konservativer Katholizismus werde durch den Event-Charakter seiner Visiten attraktiv transportiert, was vor allem die begeisterungsfähigen jungen Leute ansprechen soll. Seinen Draht zur Jugend hat Johannes Paul II., wenn auch mittlerweile gebrechlich und krank, behalten. Zu den Weltjugendtreffen, die er im Ausland aufsucht, strömen jährlich Millionen von Begeisterten. Wahrscheinlich ist es ein gegenseitiges Geben und Nehmen, denn der Papst geht aus solchen Begegnungen wie aus einem Jungbrunnen hervor: Die Stimme ist klarer und fester, er wirkt beweglicher und agiler.

9. Kulturelle Einrichtungen im Vatikan

Die Vatikanischen Gärten

Ein Gang durch die Vatikanischen Gärten, immerhin ein Drittel des päpstlichen Territoriums, ist mittlerweile begehrter als eine Papstaudienz – wohlgemerkt ein Gang! Erst hier merkt man, daß der Vatikan ein Hügel ist, der über ungeahnte Höhenunterschiede verfügt. Das liegt am Tuffstein, ein poröses, ockerfarbenes Gestein, das durch seine Wasserspeicherkapazität für die üppige Vegetation in Rom und Latium verantwortlich ist, aber auch zu schroffen Geländeabfällen neigt. Die mustergültig gepflegten Gärten auf den Vatikanhügeln profitieren nicht zuletzt von diesen Naturgegebenheiten. Die subtropische Vegetation erfüllt heute ihren Zweck fast ausschließlich für Touristen; Johannes Paul II. nutzt die Gärten kaum; im Gegensatz zu seinem Vorgänger Pius XII., der sich täglich nach dem Mittagessen für exakt eine Stunde an die leoninische Mauer fahren ließ, um auf dem Hügel spazierenzugehen. Gegen den Regen ließ er sich ein gläsernes Vordach an der Mauer anbringen, so daß er bei keiner Witterung auf den erholsamen Spaziergang an der frischen Luft verzichten mußte. Man hat von dort aus einen unverstellten Blick auf die Peterskuppel Michelangelos und über die gesamte Stadt, vor allem vom Rosengarten aus.

Gärten auf den Vatikanhügeln werden erstmals unter Nikolaus III. (1277–1280) erwähnt. Gegen Ende des 13. Jahrhunderts wurden dort wie in einem Klostergarten medizinische Gewächse gezogen. Aber auch andere Nutzpflanzen wie Obst und Gemüse gediehen in diesem *hortus conclusus*, und im äußersten Norden, nahe der modernen Pinakothek, kann man noch heute den mittelalterlichen Hühnerhof erkennen. Der Vatikan war zwar nie Selbstversorger, doch man hat stets Wert auf eine gewisse Autarkie gelegt, weshalb es nahe der Sixtinischen Kapelle bis vor etwa 20 Jahren eine funktionierende Bäckerei gab. Heute stehen ein großer Supermarkt (Annona), eine Apotheke sowie ein Geschäft für den steuer- und zollfreien Einkauf im Palast des *Governatorato* für die Versorgung der Vatikanbürger bereit. Im Spätmittelalter verloren die Gärten ihre wirtschaftliche Funktion, bis der Vatikan um 1420 als Papstresidenz wieder Bedeutung erlangte. Innozenz VIII. zeigte Ende jenes Jahrhunderts auffallendes Interesse an den Grünflächen – nun allerdings eher, um sich zu erholen und Ruhe zu finden. Er ließ sich ab 1485 ein für Rom typisches *Belvedere*, einen luftigen Hochsitz über den Dächern der Stadt, auf der höchsten Nordostspitze der Leostadt errichten, um die frische Luft, den weiten Ausblick auf die Albaner Berge bis zum Monte Soracte und die Ruhe von den Amtsgeschäften zu genießen. Dieses abgelegene, wehrhafte Gebäude mit einer großen Loggia wurde von Andrea Mantegna, Pinturicchio und Pier Matteo d'Amelia mit Fresken ausgemalt, die größtenteils Umbaumaßnahmen des 18. Jahrhunderts zum Opfer gefallen sind.

Ein weiteres, kurios anmutendes Beispiel für päpstliche Gartenarchitektur auf höchstem künstlerischen Niveau ist die Casina Pius' IV.: ein veritables Landhaus mitten im schon damals dicht bebauten Vatikan. Pius IV. war nach längerer Zeit der erste Papst, der wieder ein ausgeprägtes Interesse für die päpstlichen Gärten zeigte, die er 1559 in einfacher Form wiederherstellen ließ. Die Krönung des ganzen Komplexes sollte die Landvilla sein, die ihm der geniale Neapolitaner Pirro Ligorio als eine uns nicht mehr verständliche Welt für sich erschuf: In manieristischer Weise flossen Szenen des Alten und Neuen Testaments, der klassischen Mythologie und der Natursymbolik fast untrennbar in das künstlerische Programm ein, das die Rückkehr des Goldenen Zeitalters versinnbildlicht, in dem die politische und konfessionelle Spaltung überwunden ist: der Enthusiasmus der letzten Phase des Konzils von Trient! Da finden sich die heraufziehende Göttin der Morgenröte und Apollon mit den neun

Musen neben Darstellungen von der mystischen Hochzeit der hl. Katharina, der Tugenden sowie von der Taufe Jesu. Wenn der Antikenkenner Ligorio überhaupt ein geschlossenes Programm für die Casina des *Sol Pacifer* oder *Apollo Medicus* entworfen hat – Pius IV. stammte aus der Mailänder Familie Medici –, dann läßt sich alles auf die Themen Sonne und Wasser konzentrieren. Der Gebäudekomplex besteht zum größten Teil aus Brunnen, Loggien, Statuennischen und Terrassen, die architektonisch und symbolisch eng miteinander verknüpft sind. Alles scheint um ein kleines antikes Wasserbecken im lichten Innenhof zu kreisen und sich ebenso harmonisch in den «Heiligen Hain» des Vatikans einzufügen. Diesem Parnaß raubte Pius V. in einer religiös motivierten Säuberungsaktion die antiken Statuen und verkaufte sie 1569 an Franz I. von Frankreich. Das eigentliche Wohngebäude, von dem heute kaum ein Besucher Notiz nimmt, ist winzig klein und beherbergt seit 1936 die Päpstliche Akademie der Wissenschaften, die sich keineswegs mit Theologie und Philosophie beschäftigt, sondern mit Naturwissenschaften und Mathematik. Sie hat 80 Mitglieder aus aller Welt – Katholiken wie Nichtkatholiken –, die den Titel «Exzellenz» führen.

Von hier ist es nur einen Steinwurf weit bis zur ehemaligen päpstlichen Sternwarte, dem sogenannten Turm der Winde, der heute in den Komplex der Vatikanischen Museen integriert ist. Der wissenschaftlich interessierte Papst Gregor XIII., dem Rom sein bis heute bestehendes internationales Ausbildungssystem verdankt, ließ zwischen 1578 und 1580 den 73 Meter hohen Turm für die astronomischen Beobachtungen seiner Kalenderreform errichten.

Eine wichtige Neuerung für die vatikanischen Gärten war das Heranführen von Wasser aus dem 40 Kilometer entfernten Lago di Bracciano, das seit 1607 etliche von Niederländern gestaltete Wasserspiele und rauschende Brunnen speist. Seit der zweiten Hälfte des 17. Jahrhunderts wurden die Grünflächen mehr und mehr zu botanischen Zwecken genutzt. Vor allem Clemens XI. (1700–1721) bereicherte den Vatikan mit seltenen Gewächsen. Um die Mitte des 19. Jahrhunderts kamen ausgedehnte Flächen englischer Gartengestaltung hinzu, die man heute durch die Pflanzung von Steineichen kaum mehr erkennt. Unter Leo XIII., der sich ebenso wie sein Vorgänger Pius IX. als Gefangener im Vatikan fühlte und daher den Gärten umfassende Pflege zukommen ließ, erhielt der Vatikanhügel seinen Tierpark. Leo ließ Volieren bauen und fing dazu eigenhändig Vögel mit Netzen ein. Zu seinem Priesterjubiläum 1888 schenkte ihm der Primas von Afrika verschiedene exotische Tiere wie Gazellen, Strauße und Pelikane, für die eigens ein Gehege angelegt wurde. Seine Vorliebe für Gärten und Menagerie war so groß, daß er sich 1890 auf der Höhe des Hügels eine bescheidene Sommerresidenz errichten ließ, die er «mein kleines Castelgandolfo» zu nennen pflegte.

Eine grundlegende Neugestaltung der Gärten erfolgte erst wieder unter Pius XI., dem durch die Lateranverträge von 1929 viel Geld zur Verfügung stand. Wer heute die Grünanlagen besichtigt, stößt vor allem überall auf die schlichten, rustikalen Gebäude des päpstlichen Stararchitekten Giuseppe Momo (Governatorato, Vatikanbahnhof, Äthiopisches Kolleg). Der monumentale Mussolini-Stil will nicht in die vielfältige Gartenkultur des Vatikans hineinpassen. Eines dieser Gebäude, der Bahnhof, weist bis heute sichtbare Kriegsschäden auf: An der Travertinfront erkennt man zahlreiche Einschläge von Bombensplittern, die von einem irrtümlichen US-amerikanischen Bombardement von 1943 stammen.

Auf spektakuläre Weise hat Paul VI. im Vatikangelände bauen lassen. Das aufwendigste Gebäude seit der Errichtung von St. Peter ist die geschwungene Audienzhalle des römischen Architekten Pier Luigi Nervi, der zur Olympiade von 1960 das *Stadio Flaminio* am Stadtrand errichtet hatte. Schon 1964 arbeitete man an der Planung, 1971 konnte das gewaltige Bauwerk zum Namenstag des Papstes eingeweiht werden. Erstmals gab ein Papst auch die Kosten für ein solches Projekt bekannt: sechs Milliarden Lire, wobei informierte Kreise vom Doppelten sprachen. Welche Zahl auch immer die richtige ist – den Papst plagte das Gewissen. Noch bei der Eröffnungsfeier kündigte er die Einrichtung einer sozial-karitativen Koordinationsstelle, *Cor Unum* genannt, an, die Not und Elend in der Welt lindern und Entwicklungsprojekte fördern sollte. Außerdem ließ der Vatikan am Stadtrand für etwa 100 obdachlose Familien Wohnungen errichten. Die gewaltige Halle mit 6300 Sitz- oder 12000 Stehplätzen ist für die Mittwochsaudienzen in den Wintermonaten gedacht. Von März bis Oktober kommen wesentlich mehr Gläubige und Touristen zusammen, weshalb man auf den Petersplatz ausweicht.

Der nächste Eingriff in die vatikanische Grünzone war der Bau des päpstlichen Hubschrauberlandeplatzes, den Paul VI. 1976 auf die Eckbastion an der Spitze des Vatikanhügels setzen ließ. Die Umnutzung einer Betonplattform von 25 mal 20 Metern, die früher als Tennisplatz diente, und die Installierung einer einfachen Wetterstation war keine große Sache. Viel schwieriger gestaltet sich gewiß die lateinische Übersetzung des Begriffs «Hubschrauberlandeplatz», die für die obligatorische Gedenktafel aus Anlaß der Neueröffnung vorgenommen werden mußte. Der Landeplatz wird vor allem unter Johannes Paul II. stark frequentiert: zum einen, wenn er sich von dort zum italienischen Flugplatz Ciampino bringen läßt, von wo er seine zahllosen Pastoralvisiten ins Ausland antritt; zum anderen, wenn er in den Sommermonaten für die Mittwochsaudienzen aus Castelgandolfo einfliegt.

Vatikanische Museen

Wohin mit dem Apoll? Diese Frage, die den Anfang der Vatikanischen Museen markiert, stellte sich der kunstsinnige Renaissance-Kardinal Giuliano della Rovere, als er 1503 als Julius II. zum Papst gewählt wurde. Etwa zehn Jahre zuvor hatte man aus dem römischen Erdreich eine Apollostatue gezogen, die della Rovere erwarb und in den Gärten der Kirche *S. Pietro in Vinculi* aufstellen ließ. Den Thron Petri erklommen, mochte er sich von dem mittlerweile enthusiastisch gefeierten Kunstwerk nicht mehr trennen, über dessen Betrachtung Winckelmann nach eigenen Worten alles vergaß und vom «ewigen Frühling» und von «glücklichen Elysien» träumte. Julius erkannte als geeigneten Aufstellungsort das Belvedere Innozenz' VIII. Hier oben fern dem Lärm der Stadt und dem päpstlichen Tagwerk ließ er sich von Bramante einen zunächst hufeisenförmigen Hof anlegen, der zur einen Hälfte mit Blumen, Lorbeer, Maulbeerbäumen und Zypressen, zur anderen aber mit Majolikafliesen und Orangenbäumen verziert war. Dazu rauschte meditativ das Wasser in Brunnenanlagen. Rings um diesen Garten wurden in halbrunden Nischen antike Statuen aufgestellt, darunter der Apoll, welcher sich seit dieser Zeit «Apoll vom Belvedere» nennt, die Venus Felix, Herkules und Antaeus, die schlafende Ariadne und der Flußgott Tiber. Die im Januar 1506 in einem Weinberg entdeckte Laokoon-Gruppe wurde sofort vom antikenbesessenen Papst aufgekauft und ebenfalls in sein Belvedere gebracht. Das Ensemble Bramantes verband damit gleichsam das Ideal einer antik römischen Landvilla mit dem griechischen Parnaß. Hier, inmitten des quadratischen Zitrushains, stellte Julius seine wertvollsten Statuen auf; der Rest blieb zur Dekoration im Apostolischen Palast. Diese allmählich wachsende Privatkollektion, zu der schon damals Gelehrte, Studenten und Künstler Zugang hatten, erwarb sich in kürzester Zeit bereits einen solchen Ruf, daß sich Franz I. von Frankreich nach seinem Sieg über die päpstlichen Truppen bei Marignano 1515 den Laokoon als Kriegsbeute ausbedungen hatte. Leo X. (1513–1521), der meinte, neben der Gotteserkenntnis und Glaubenserhaltung gebe es nichts Bedeutenderes im Leben als die Beschäftigung mit Antike, Kunst und Wissenschaft, gab den Laokoon nicht heraus, sondern ließ listig eine Kopie anfertigen.

Der Kern der Vatikanischen Museen, der Musensitz des Belvedere, wurde nun auch in stilbildender Hinsicht seiner Bestimmung gerecht: Bramante, Michelangelo, Leonardo da Vinci, Raffael und auch Tizian wohnten und arbeiteten hier. Der damals im Innenhof aufgestellte «Torso vom Belvedere» diente dem bewundernden Michelangelo zu anatomischen Studien. Die Antiken, die Giorgio Vasari mit Rückgriff auf Plinius d. Ä. als die «Vollkommenheit und höchste Blüte der Kunst» bezeichnete, wurden nun maßgebendes Vorbild, das Belvedere selbst zu einer Künstlerwerkstatt.

Damit der Papst trockenen Fußes seine Sammlung erreichen konnte, mußte Bramante eine Rundtreppe anbauen und einen

Braccio, einen gedeckten Arkadengang zum Apostolischen Palast, errichten. Die Begeisterung für die Antike war jedoch nicht allgemein; schon zu Julius' Zeiten meldeten sich Kritiker zu Wort, die die «eitlen Altertümer» des heidnischen Gartens mißbilligten. Die Stimmung kippte unter dem sittenstrengen Pius V., der die «heidnischsten» Bildwerke aus dem Vatikan verbannte. Den Kardinälen gelang es gerade noch, die bedeutendsten Skulpturen des Belvederehofes zu retten, allerdings unter der Bedingung, «sie immer unter Verschluß zu halten». Die Mauernischen wurden nun mit schweren Holztüren verschlossen. Die Barockkultur der Päpste setzte die Antike zwar wieder in ihr Recht ein, aber ausschließlich in dienender Funktion, wie es das Programm der auf dem Konzil von Trient entwickelten katholischen Reform vorgab.

Bis in die Anfänge des 18. Jahrhunderts gab es kaum mehr Neuerwerbungen. Erst als dann der Ankauf und die Ausfuhr von Antiken aus Rom überhandnahm, entschloß sich Clemens XIV. (1769–1774) 1770, wieder bedeutende Sammlungen im großen Stil aufzukaufen und dafür Räumlichkeiten auf dem Vatikanhügel herzurichten. Schon sein Vorgänger Clemens XII. (1730–1740) hatte 1734 auf dem Kapitol das erste große öffentliche Antikenmuseum in Europa eingerichtet und mit Statuen, Reliefs und Inschriften ausgestattet. Clemens XIV. ließ den Belvederehof ähnlich museal umbauen und die Statuen unter der immer noch geschlossenen Portikus in Reih und Glied aufstellen. Mit den Einkünften des römischen Lottos finanzierte der Papst die Neugestaltung des noch mittelalterlich anmutenden Belvedere im neoklassizistischen Stil und entfernte Kamine, Zwischenwände und nicht mehr «zeitgemäße» Fresken. Selbst Kapelle und Sakristei wurden der Aufstellung von Skulpturen geopfert. Neben dem *Braccio* mit seinen nun zugemauerten Arkaden, die Platz für Figuren und Inschriften boten, wurden in den neuen Museumskomplex Neubauten einbezogen, die sich an antik-römischen Prachtbauten (Pantheon etc). orientierten. Die päpstlichen Architekten Michelangelo Simonetti und Giuseppe Camporese gingen bei der Integration von völlig unterschiedlichen Baukörpern mit großem Geschick vor und verzichteten bei der Gestaltung der Innenräume keineswegs auf farblichen oder dekorativen Pomp. Die rasant anwachsende Sammlung, die hauptsächlich durch die über 130 planmäßigen Grabungskampagnen im Kirchenstaat (1775–1780) bereichert wurde, erforderte immer neue Ausstellungsräume, so daß bis 1797 ununterbrochen um- und ausgebaut wurde. Der Belvederehof verlor seine inzwischen vernachlässigten Zitrusbäume, erhielt dafür eine schützende Säulenhalle und einen neuen Namen: *Cortile Ottagono*. Möglich wurde das alles, weil Clemens' Nachfolger Pius VI. (1775–1799) eine ähnlich große Leidenschaft für die Antike mitbrachte, so daß diese bedeutende Sammlung zu Recht den Namen *Pio-Clementino* trägt. In die Konzeption und Aufstellung der Objekte wurden nun wieder international bedeutende Altertumswissenschaftler, Maler und Bildhauer einbezogen, die Rom in der zweiten Hälfte des 18. Jahrhunderts zum letzten Mal zu einer stilbildenden Hauptstadt der Künstler werden ließen.

Das kulturbeflissene Papsttum förderte diese Entwicklung nach Kräften. Stolz präsentierte Pius VI. sein neueröffnetes Museum 1784 dem staunenden schwedischen König Gustav III. Berührungsängste gegenüber Protestanten gab es dank des offenen Klimas am päpstlichen Hof längst nicht mehr. In einer solchen Atmosphäre gediehen auch Verräter: Ennio Quirino Visconti, das römische Wunderkind, hatte zusammen mit seinem Vater Giovanni Battista das Antikenmuseum geordnet und seit 1778 eine monumentale Bestandsaufnahme in sieben Bänden herausgegeben, was ihm den Ruf des bedeutendsten Archäologen Italiens eingebracht hatte. Trotz der anhaltenden päpstlichen Gunst hatte sich Visconti schon früh mit den Ideen der Französischen Revolution angefreundet. Durch seine wenig später an das Directoire gesandte Denkschrift und detaillierte Informationen über die päpstlichen Sammlungen trug er nicht zuletzt zum gezielten Abtransport der Kunstschätze aus dem Vatikan bei: 100 Kunstwerke verließen nun Rom, davon 64 aus dem Vatikan, darunter die wichtigsten Objekte des Belvederehofs, die nun in Kisten gepackt nach Paris geschafft wurden. Außerdem verlor die *Biblioteca Apostolica* auf immer ihre Sammlung von Gemmen, Münzen und antiken Medaillen.

Es verwundert nicht, daß angesichts des großen Verlustes der Kulturgüterschutz einen bedeutenden Aufschwung nahm. 1802 erklärte Pius VII. (1800–1823), daß Kunstwerke Allgemeingut seien, die im ursprünglichen Ambiente zu verbleiben hätten. Die epochale *Lex Pacca* des gleichnamigen Kardinalstaatssekretärs vom 7. April 1820 regelte die Ausgrabungstätigkeit und den Antiquitätenmarkt, bestimmte über die Verwendung des privaten Kunstbesitzes, sicherte das Vorkaufsrecht des Staates beim Verkauf von Kunstwerken und schrieb die Katalogisierung des künstlerischen Erbes in seiner Gesamtheit vor. Bartolomeo Paccas Edikt bildete damit die Grundlage für den sich bald international durchsetzenden Kulturgüterschutz.

Der weitere Ausbau der Vatikanischen Museen kam indes nicht ganz zum Erliegen. Noch bevor die Originale Anfang 1816 aus Paris zurückkamen, richtete der päpstliche Oberintendant der Altertümer und der Schönen Künste, Antonio Canova, das Museum Chiaramonti ein (1807–1810). Inzwischen hatte man etwa 1000 weitere Objekte ausgegraben, für die bis 1822 ein neuer heller Museumsflügel, der 70 Meter lange *Braccio Nuovo*, errichtet wurde, der ein völlig neues, dienendes Verhältnis zwischen Architektur und Kunstwerk zum Ausdruck brachte.

Bis zur Eroberung Roms durch die Truppen der italienischen Einigungsbewegung wurde der Ausbau der päpstlichen Sammlungen zügig vorangetrieben. Noch unter Pius VII. wurde eine Pinakothek eingerichtet, die 1932 in einen eigenen Museumsneubau umzog. Unter Gregor XVI. (1831–1846) erlebten die vatikanischen Sammlungen einen bisher nie gekannten rasanten Ausbau: 1837 wurde das Etruskische, 1839 das Ägyptische Museum eröffnet. Das *Museo Gregoriano Profano Lateranense* mußte 1844 mit Räumen im Lateranpalast vorliebnehmen, da auf dem Vatikanhügel kein Platz mehr zur Verfügung stand. Seit 1870 stand dann das Studium der zusammengetragenen Objekte im Vordergrund. Allmählich warf auch der Kampf des Papsttums gegen den Modernismus seine Schatten auf die Sammlungen, die nun in den Dienst der kirchlichen Apologetik gestellt wurden. In der *Sala Sobieski* und der *Sala dell'Immaculata* wurden beispielsweise künstlerisch wenig hochstehende

Objekte ausgestellt, die auf Märtyrer der Gegenreformation und der Dogmatisierung der «Unbefleckten Empfängnis» durch Pius IX. 1854 bezogen waren. Dieser Papst, selbst ein begeisterter Ausgräber in Ostia, vereinigte im zweiten Stockwerk des Lateranpalastes unter dem Namen *Museo Pio Cristiano* die bedeutendste Sammlung frühchristlicher Sarkophage und Inschriften.

Die religiöse Ausrichtung der Sammlung blieb auch in der ersten Hälfte des 20. Jahrhunderts verpflichtend, als der Kampf gegen den Modernismus längst vorüber war. Den Verlust des Kirchenstaates immer noch nicht vollständig überwunden, glaubte man nun gleichsam als Kompensation die Universalität der Kirche herausstreichen zu müssen. Im Heiligen Jahr 1925 eröffnete Pius XI. in Rom eine großangelegte Missionsausstellung, die über eine Million Pilger anzog. Sie sollte nach ihrer ursprünglichen Absicht den Missionseifer unter den europäischen Katholiken wecken und über die Evangelisierung der Völker informieren. Diese Ausstellung bildete den Grundstock des 1927 im Lateranpalast eröffneten *Museo Missionario-Etnologico*, das nach den Worten Pius' XI. die Aufgabe übernehmen sollte, «die Anstrengungen aller derer zu zeigen, die das Reich Gottes auf Erden zu erweitern trachten». Diese Sammlung wurde 1970 institutionell und räumlich den Vatikanischen Museen angeschlossen.

Zumindest organisatorisch bildeten die Lateranverträge von 1929 auch einen Einschnitt für die vatikanischen Kunstsammlungen, die nun auf vollständige Transparenz verpflichtet wurden. Dank der neuen Finanzquellen schuf man einen aufwendigen Museumseingang am *Viale Vaticano* und errichtete 1932 einen Neubau für die Pinakothek, um die nach 1816 aus Paris in den Vatikan zurückgeführten und seither in Magazinen ruhenden Bilder angemessen zu präsentieren. In den großen luftigen Räumen des Mailänder Architekten Luca Beltrami kommt der Kunstkenner auf seine Kosten, zumal er nur von wenigen Besuchern gestört wird.

Eine neue Ära brach auch in der Wissenschaft an. Nach dem Ersten Weltkrieg widmete man sich verstärkt den Magazinen:

Als Walter Amelung den vatikanischen Skulpturenbestand 1920 mit Taschenlampe und Fotoapparat aufnahm, kam unter einer dicken Staubschicht eine Reliefplatte des Athener Parthenonfrieses zutage, die in den vatikanischen Depots jahrhundertelang unbemerkt geschlummert hatte. Im Winter 1946/47 stieß Hermine Speier unter dem *Cortile Ottagono* auf weitere Fragmente des Phidias vom Parthenon. Nach diesen sensationellen Entdeckungen in den eigenen Mauern schien endlich die Zeit reif zu sein für ein Museum für griechische Originale, das 1960 im Vatikan eingerichtet wurde.

Nachdem Johannes XXIII. 1962/63 die Verwaltung der römischen Diözese in den Lateranpalast verlegt hatte, mußten die drei dort befindlichen Sammlungen – *Museo Gregoriano Profano*, *Museo Pio Cristiano* und *Museo Missionario-Etnologico* – in einen futuristischen Neubauflügel in der Leostadt umziehen, den Paul VI. 1973 feierlich eröffnete. Paul VI. betätigte sich darüber hinaus auch als Mäzen der modernen zeitgenössischen Kunst. Er ließ die Vorhalle der Peterskirche mit drei neuen Bronzetüren schmücken. Die äußere linke schwere Metalltür, die *Porta della Morte*, wurde 1964 vom italienischen Kommunisten Giacomo Manzù geschaffen. Manzù, dem man übrigens eine veritable Freundschaft zu Paul VI. nachsagt, sowie zahlreiche andere Künstler haben den kunstsinnigen Papst reich beschenkt, um dann immer wieder zur Ausstattung von Kirchen herangezogen zu werden. Es entsprach also nicht nur dem Wunsch des Papstes, sondern geradezu einer Notwendigkeit, ein Museum für moderne religiöse Kunst einzurichten. 1973 war es dann soweit: Der Papst konnte ausgerechnet in den ältesten Teilen des Apostolischen Palastes das neue Museum auf drei Etagen mit etwa 780 Gemälden, Skulpturen und religiöser Graphik eröffnen.

Vatikanische Archive und die Biblioteca Apostolica

Die vatikanischen Archive haben gerade in letzter Zeit wieder für Schlagzeilen gesorgt, als es um die Haltung Pius' XII. gegenüber dem Holocaust ging. Immer wieder wurde vom Heiligen

Stuhl gefordert, die Akten aus der Zeit des Nationalsozialismus, des italienischen Faschismus bzw. der totalitären Diktaturen zugänglich zu machen. Das ist nun für die Deutschland betreffende diplomatische Korrespondenz bis 1939 geschehen. Sensationelle Funde dürfen hier nicht erwartet werden, sondern eher aus anderen Bereichen der päpstlichen Verwaltung. Jedes Dikasterium, jede kuriale Institution vom päpstlichen Staatssekretariat bis zur Vatikanpfarrei *S. Anna* bewahrt die eigenen Amtsakten selbst auf. Und für jedes Archiv gibt es eigene Öffnungszeiten, Zugangsmodalitäten und Sperrklauseln wie in jedem anderen Archiv. Das wichtigste, weil umfangreichste und politisch aussagekräftigste ist das sogenannte Päpstliche Geheimarchiv – «geheim» deshalb, weil es sich als Privatarchiv des Papstes versteht, das nicht allgemein zugänglich ist. Es steht heute Wissenschaftlern aus aller Welt zur Verfügung, die ein begründetes Anliegen vorweisen können.

Ein erstes Archiv des Apostolischen Stuhls entstand bereits in der Zeit Konstantins des Großen: Julius I. (337–352) ließ sämtliche Urkunden über Schenkungen und Vermächtnisse sammeln und im Lateran sowie bei der *Confessio* der Peterskirche, also unmittelbar am Petrusgrab, aufbewahren. Akten waren dem Heiligen Stuhl stets heilig. Die Kombination aus Archiv und Bibliothek im Lateran stand im 6. Jahrhundert sogar Gelehrten offen. Ein drittes Archiv entstand 1083 am Fuß des Palatins in der Nähe des Titusbogens. Hier lagerten fortan die Dokumente der Güterverwaltung des Heiligen Stuhls. Aus der Zeit vor 1200 ist jedoch wenig überliefert, da häufige Umzüge und blutige Kämpfe innerhalb der Stadt für eine Dezimierung des Bestandes gesorgt haben. Immerhin sind aber das purpurne *Privilegium Ottonianum* von 962, die Garantie des Kirchenstaates und des kaiserlichen Einflusses in Rom, sowie das Briefregister Gregors VII. (1073–1085) erhalten. Zusammen mit den Briefen von Johannes VIII. (872–882) führt Gregors Register die wichtigste Serie des Archivs von insgesamt 2041 Papstregistern an. Diese sind mit dem übrigen Archivmaterial nach Avignon verbracht und nach dem Konzil von Konstanz nach Rom zurückgeführt worden. Diese Rückführung fiel in das Pontifikat Martins V., der nach dem Abendländischen Schisma, als zeitweise drei Päpste mit drei Archiven um die Rechtmäßigkeit ihrer Amtsführung stritten, das verstreute Material allmählich nach Rom bringen ließ. Den wichtigsten Teil der Dokumente ließ man nun vorsorglich in die Engelsburg schaffen, weshalb dieser auch nicht den Verwüstungen der deutschen Landsknechte 1527 zum Opfer gefallen ist.

Seit dem Ende des 15. Jahrhunderts kam es immer wieder zu Versuchen, den wachsenden Archivbestand in einem Zentralarchiv zu konzentrieren. Erst dem Römer Paul V. gelang es schließlich 1612, den Großteil der Dokumente im Vatikan zu vereinen: Durch ein Breve vom 31. Januar wurde das Geheimarchiv des Vatikans gegründet und in drei Räumen der Vatikanischen Bibliothek eingerichtet – etwa dort, wo sich das Archiv noch heute befindet. Nun kam auch die sehr umfangreiche diplomatische Korrespondenz des sich seit dem 16. Jahrhundert rasant ausbreitenden ständigen Nuntiaturwesens hinzu, die Teil des Archivs des Päpstlichen Staatssekretariats wurde. Diese Briefe in meist sauberer italienischer (!) Handschrift sind eine unverzichtbare Quelle zur europäischen Politikgeschichte – zumindest bis 1648.

Ein weiteres Epochedatum für das Geheimarchiv stellt das Jahr 1881 dar, als Leo XIII. allen Wissenschaftlern den freien Zugang zu den päpstlichen Archivbeständen gestattete. Im Hintergrund der päpstlichen Entscheidung stand der anachronistische Anspruch auf Rom als geistlichen Mittelpunkt der katholischen Welt, nachdem das Papsttum seine säkulare Herrschaft eingebüßt hatte. So wie der Zustrom an Wissenschaftlern von Jahr zu Jahr anwuchs und wächst, so kommt dem Geheimarchiv vor allem in den letzten 50 Jahren mehr und mehr Material aus anderen vatikanischen Behörden zu, die ihre eigenen Verwaltungsvorgänge kaum mehr archivieren können. Dem Benutzer stehen seit den neunziger Jahren drei ausgedehnte Räume mit Hilfsmitteln und Laptop-Anschlüssen zur Verfügung.

Neben diesem päpstlichen Zentralarchiv ist vor allem das jüngst auf den Gianicolo umgezogene Missionsarchiv von der Kongregation der *Propaganda Fide* von internationaler Bedeutung. Größeres Interesse findet das kürzlich freigegebene Archiv der Glaubenskongregation, das die Archive der früheren Indexkongregation und der Inquisition beherbergt. Zuvor studierte man die Akten – meist alleine – in echter Inquisitionsatmosphäre: dick vergitterte Fenster, jahrhundertealter Aktenstaub, eiskalter Lesesaal, der sofort hinter einem fest verschlossen und erst gegen Mittag wieder geöffnet wurde. Auch das Archiv der Glaubenskongregation profitiert seit Februar 2003 von der Öffnung der Deutschland betreffenden Aktenbestände; allerdings muß für diesen Zeitraum immer noch die Einzelerlaubnis des Präfekten eingeholt werden.

Angesichts der Attraktion dieser Archive sorgt die Vatikanische Bibliothek in den letzten Jahren kaum für Schlagzeilen, wobei sie eigentlich eine viel ruhmreichere Geschichte aufzuweisen hat, was in den prunkvollen Lesesälen, die heute jedermann besichtigen kann, zum Ausdruck kommt. Gelehrsamkeit und Sammelleidenschaft waren stets der Päpste liebstes Kind, weshalb Sixtus V., der «Vater» der modernen *Biblioteca Apostolica*, sich auch gerne mit den Gründern anderer epochemachender Bibliotheken wie die von Alexandria (Ptolemäus), Rom (Augustus) oder Athen (Xerxes) verglich. Ein entsprechendes Freskenprogramm ist in der *Salone Sistino*, dem ursprünglichen Lesesaal der Bibliothek, zu sehen. Die Anfänge der Vatikanischen Bibliothek liegen aber gut 150 Jahre vor Sixtus V., als der humanistisch gebildete Nikolaus V. seiner Nachwelt mehr als 1500 Handschriften hinterließ, die den Grundstock der Apostolischen Bibliothek bildeten. Die eigentliche Geburtsstunde dieser Einrichtung schlug am 15. Juni 1475: Sixtus IV. wies dem angewachsenen Schriftenbestand «zur Förderung des katholischen Glaubens, zum Nutzen der Wissenschaftler und Glanz des Römischen Papstes» drei Räume im Untergeschoß des Apostolischen Palastes zu, die größtenteils öffentlich zugänglich waren. Über die Lektüre der Schriften an kostbaren Intarsienschreibtischen wachte als erster Bibliothekar der gelehrte Humanist Bartolomeo Platina, der direkt neben dem ersten Bibliotheksraum wohnte und durch ein Fenster seiner düsteren Wohnung den Leser beobachten konnte. Die noch heute existie-

renden Räumlichkeiten sind in drei Abteilungen gegliedert:
Die *Bibliotheca latina* nahm das Gros des Schrifttums, die lateinischen Handschriften, auf, während sich in der *Bibliotheca
graeca* die griechischen Manuskripte befanden. Dann gab es
noch ein drittes Segment für die wertvollsten Exemplare der
Sammlung, die in der *Bibliotheca secreta* nicht mehr allgemein
zugänglich waren. Später kam noch die *Bibliotheca pontificia*
hinzu, in der Archivmaterial aufbewahrt wurde. Diese Verbindung von Archiv und Bibliothek besteht im Grunde noch heute:
In der *Biblioteca Apostolica* lagert immer noch eine Unmenge
an päpstlichen Amtsakten, wie beispielsweise die *Fondi Chi-
giano* (Alexander VII.) mit fast 4000 Bänden und *Barberiniano*
(Urban VIII.) mit seinen knapp 10 000 lateinischen, griechischen und orientalischen Manuskripten.

Die räumliche Enge durch stetigen Bücherzuwachs veranlaßte etwa hundert Jahre nach der sixtinischen Gründung den
prunkvollen Neubau (1587–1589) der Apostolischen Bibliothek unter Sixtus V. Es waren vor allem der Buchdruck und weitere Schenkungen, die zu einem explosionsartigen Wachstum
der Sammlung führten. Noch heute schafft die *Apostolica* in
nur geringem Maße Bücher systematisch an; vielfach werden
der päpstlichen Institution die neuesten Veröffentlichungen als
omaggio für die öffentliche Benutzung überlassen. Bei den un-
überschaubar vielen Sammelgebieten dauert das Einstellen der
Bände oft recht lange.

Die alten Bestände und die reichen Zugänge machen die *Apostolica* heute zu einer der bedeutendsten Bibliotheken der Welt.
Der freie Zugang zu Studienzwecken ist durch die Lateranverträge garantiert, die Modalitäten aber in das Ermessen des Heiligen Stuhls gestellt. 80 000 Bände sind im Präsenzbestand dem
Wissenschaftler unmittelbar zugänglich. Viele der 70 000 Manuskripte, 100 000 Originaltexte, etwa 7000 Inkunabeln und
100 000 Drucke und geographischen Karten warten darauf, erst
noch entdeckt zu werden.

10. Worauf jeder Besucher stößt

Die Schweizergarde

1935 hatte Stalin den französischen Außenminister Pierre Laval spöttisch gefragt, wie viele Divisionen der Papst habe. Der englische Premier Winston Churchill hielt dies in seinen Erinnerungen mit der Bemerkung fest: «Gewiß eine ganze Anzahl von Legionen, die bei Paraden nicht immer sichtbar sind.» Doch wie sieht es mit den veritablen Divisionen des Papstes im Vatikan aus? Ohne Zweifel ist die *Città del Vaticano* gemessen an ihrer Einwohnerdichte der am meisten gerüstete Staat der Welt. Waren 1965 noch etwa 70 Prozent der Vatikanbürger Waffenträger – durch die Vielzahl der Nobel- und Ehrengarden –, so haben die Päpste seither «abgerüstet», vor allem Paul VI., der bis 1970 einen großen Teil des papsttreuen römischen Adels arbeitslos machte, indem er die Ehrenwachen auflöste. Neben der *Vigilanza* gibt es heute nur noch die etwa hundert Schweizergardisten, die nicht mehr nur mit Hellebarden und Säbeln ausgestattet sind, sondern auch über moderne Schnellfeuerwaffen verfügen. Sie haben ihr Überleben der Tradition und ihrer farbigen Tracht zu verdanken, die auf das Allroundtalent Michelangelo zurückgehen soll. Die Geschichte der Garde reicht zurück bis 1503, als Papst Julius II. einige Schweizer Kantone um die Stellung von Soldaten zum Schutz seiner eigenen Person und Residenz in Rom bat. Im Januar 1506 zogen die ersten 150 Mann in die Stadt ein, und seither bilden Schweizer Gardisten, abgesehen von kurzen Unterbrechungen, den militärischen Schutzschirm des Papstes. Das war eigentlich nichts Ungewöhnliches, hielten sich doch zahlreiche europäische Fürstenhöfe eine Schweizer Mannschaft, die als besonders zuverlässig und schlagkräftig galt. Auch die Päpste des 14. und 15. Jahrhunderts hatten bereits sporadisch Erfahrungen mit Söldnern aus der Schweiz gemacht. Ihre große Bewährungsprobe absolvierten die Schweizer im be-

rühmt-berüchtigten *Sacco di Roma* vom 6. Mai 1527, als die
Landsknechte Kaiser Karls V. die Stadt Rom und den Vatikan
stürmten und plünderten. Dieses für die Stadt traumatische Geschehen, das gleichzeitig das Ende des Renaissancepapsttums
markiert, kostete fast allen Gardisten und ihrem Hauptmann
das Leben. Aber durch ihren treuen Einsatz konnten sie zumindest dem Papst die Flucht in die Engelsburg ermöglichen. Dieser
Tag ist noch heute für die Vereidigung der neuen Gardisten vorgesehen, an dem neben der päpstlichen Hymne auch die der
Schweizer Heimat gespielt wird. 1548 wurde ein neues Korps
mit einer Truppenstärke von 225 Mann aufgestellt, die 1571 aktiv an der Seite venezianischer Truppen an der Seeschlacht von
Lepanto gegen das Osmanische Reich teilnahmen. Etwa zu dieser Zeit wurde im Vatikan auch eine Waffenschmiede eingerichtet, die bis ins 18. Jahrhundert unter der Vatikanischen Bibliothek untergebracht war. Sie diente im wesentlichen der Bewaff-
nung von freiwilligen Römern, wenn der Papst in Gefahr war.
Neben Reparaturen erfolgte hier auch die Produktion von Waffen: Markantestes Beispiel ist die Fertigung von tausend Kara-
binern *a palla forzante* (Modell 1857) für das päpstliche Heer.
1870 mußte die Waffenschmiede aufgelöst werden.

Das zweite traumatische Erlebnis für den Vatikan, die napole-
onische Ära, verlief für die Garde wesentlich unblutiger als die
Ereignisse von 1527: Pius VI. entließ die Truppe 1798 kurzerhand. 1850 wurde sie neu organisiert und verlor auch nach 1870
ihre Aufgabe nicht; sie tat nun allerdings nur in den Apostolischen Palästen ihren Ordnungs- und Wachdienst. Diese Funktion wurde durch die Lateranverträge auf das gesamte Gebiet
des Vatikanstaates ausgedehnt.

Ein Statut von 1976 beschrieb die Aufgaben der Schweizergarde neu und unterstellte sie direkt dem Staatssekretariat. Dort
ist von einem «militärischen Korps» die Rede, dessen Hauptaufgabe die ständige Überwachung der persönlichen Sicherheit
des Papstes und seiner Residenz ist. Daß das mehr als ein rein
fotogen-operettenhaftes Paradieren ist, verdeutlichen die Ereignisse des Papstattentats vom 13. Mai 1981: Nach den Schüssen
auf dem Petersplatz sprang ein Gardist schützend auf das Papa-

mobil, die übrigen Schweizer hielten eine Gasse frei, damit der schwerverletzte Pontifex sofort das Krankenhaus erreichen konnte. Neben dem Dienst im Vatikan begleitet ein Teil der gut ausgebildeten Truppe – selbstverständlich in Zivil – den Staatschef auf seinen Reisen. Stets etwas unpassend mutet dagegen die sogenannte Thronwache an, bei der vier Gardisten in voller Montur (Helm und Hellebarde) während der kirchlichen Zeremonien beim Altar stehen. Die Schweizer wohnen als vatikanische Staatsbürger direkt an der Grenze des päpstlichen Territoriums in einer Kaserne, weshalb sich der Pilger, der nach der Papstaudienz zur U-Bahn eilt, nicht wundern muß, wenn er durch ein offenstehendes Fenster eines vatikanischen Palazzo die Schweizer Fahne oder ein kokettes Bild von Marilyn Monroe sehen kann.

Die Sollstärke des Regiments wurde 1979 auf hundert heraufgesetzt, die jedoch immer schwerer zu erreichen ist, da sich nicht genügend junge Schweizer für den päpstlichen Wachdienst melden. Daher klagen die Gardisten meist über zu häufigen Diensteinsatz und immer wieder gestrichene Freizeit. Schon 1970 hatte man im Schweizer Wettingen eine «Propagandazentrale» eingerichtet, um junge Rekruten anzuwerben.

Der Gardist hat seine Ausbildung bereits in der Schweiz erhalten: Er muß nicht nur katholisch, unter 30 Jahre, unverheiratet und physisch für den Militärdienst geeignet sein, sondern auch schon seinen Grundwehrdienst in seinem Kanton abgeleistet haben. Das bedeutet aber nicht, daß die Soldaten Seiner Heiligkeit keine militärischen Übungen abhalten. Der Schießstand ist ihnen ebenso vertraut wie der Petersplatz. Dort lassen sich auch die gestaffelten Grußformen beobachten: Für einen Laien, den man aus dem Vatikan kennt, wird militärisch schlicht salutiert. Schreitet ein Priester durch das Glockentor, steht der Hellebardier stramm und veranstaltet dabei einen Höllenlärm auf seinem Holzrost. Bei einem Bischof oder Kardinal wird zusätzlich die Hellebarde geschultert. Allerdings kniet heute keiner mehr nieder, wenn der Papst vorüberkommt.

Die Dienstzeit beträgt zunächst zwei Jahre und kann dann stillschweigend verlängert werden. Der Traum jedes Gardisten ist, die eigene rot-blau-gelbe Gala-Uniform des 16. Jahrhunderts mit in die Schweiz nehmen zu können, was erst nach zehnjähriger Dienstzeit gestattet ist. Dann wird auch eine bescheidene Pension gewährt, wobei die Bezahlung der Gardisten für italienische Verhältnisse überdurchschnittlich gut ist. Für die wenigsten ist der Dienst in der päpstlichen Garde ein Karrieresprungbrett. Meist gehen die jungen Soldaten in ihren alten Beruf zurück oder verdingen sich in der Schweiz als Wachmänner. Probleme gibt es in der Garde wie in jeder anderen Männergesellschaft. Spektakulärster Fall war der Mord am frischernannten Kommandanten Estermann und seiner Frau am 4. Mai 1998. Bis heute sind die Hintergründe nicht genau aufgeklärt worden, da der Vatikan sich auf seine Immunität beruft. Angeblich hat sich der Täter, ein junger Vizekorporal der Garde, nach den tödlichen Schüssen selbst gerichtet. Diese Version wird durch verschiedene Ungereimtheiten immer stärker in Zweifel gezogen, weshalb inzwischen eine Wiedereröffnung des Verfahrens mit französischen Staranwälten droht. Der Vatikan hat derweil eine vollständige Nachrichtensperre über alles verhängt, was mit der Truppe in irgendeiner Weise zu tun hat.

Münzen

Beim Gang durch die Vatikanischen Gärten stößt man unweit der Sixtinischen Kapelle auf ein ganz unscheinbares Backsteingebäude des 17. Jahrhunderts, die *Zecca*. In dieser päpstlichen Münzanstalt, die 1776 vollständig umgebaut wurde, stand Mitte des 17. Jahrhunderts eine mit Wasserkraft betriebene Prägemaschine, die von Bernini erfunden wurde. Solange der Kirchenstaat existierte, gab es dort auch ein eigenes offizielles Zahlungsmittel. Die ältesten päpstlichen Münzen führten das Konterfei der beiden Apostelfürsten Petrus und Paulus, die in Rom ihr blutiges Martyrium erlitten hatten. Seit 1929 ließ der Heilige Stuhl Lire-Münzen prägen, die innerhalb des Vatikans und im italienischen Währungsgebiet offizielles Zahlungsmittel waren. Ursprünglich reichte die Stückelung von 1-Lira- bis 500-Lire-Münzen, die auf der Rückseite das Profil des Papstes trugen. Durch

Rückseite der 50-Cent-Münze des Vatikans
mit den (marianisch gedeuteten) 12 Sternen der EU;
Prägung Februar 2002

den Verfall des italienischen Zahlungsmittels verzichtete man auf die kleinen Währungseinheiten und prägte nur noch 100-, 200- und 500-Lire-Münzen. Von diesen durfte der Heilige Stuhl laut Abkommen mit dem italienischen Staat bis 1970 Geldstücke im Wert von 50 Millionen Lire in Umlauf bringen, seit 1971 waren es 200 Millionen. Dieses Limit konnte in besonderen Fällen überschritten werden, etwa nach dem Tod eines Papstes, im Heiligen Jahr oder bei der Eröffnung eines Konzils.

Die Einführung der europäischen Gemeinschaftswährung war für den Vatikanstaat keine Selbstverständlichkeit, da er nicht Mitglied der Europäischen Union ist. Die rechtliche Grundlage für die Übernahme des Euro im Vatikan wurde durch den Erlaß des Ministerrats in Brüssel von 1998 geschaffen. Im Anschluß hatte Italien im Namen der EU mit dem Heiligen Stuhl und San Marino über die Modalitäten der Währungsumstellung verhandelt, so daß Ende 2000 ein Abkommen zwischen dem Heiligen Stuhl und dem italienischen Außenminister unterzeichnet werden konnte. Pünktlich zum Jahresbeginn 2002 sollten damit auch im Vatikan eigene Euro-Münzen erscheinen. Die italienische Münzanstalt war jedoch mit der Produktion der italienischen Euros ausgelastet, so daß der Vatikan warten mußte. Die acht vatikanischen Euro-Münzen kamen erst am 1. März auf den Markt. Auf die Ankündigung hin bildete sich schon am frühen Morgen eine 300 Meter lange Schlange vor den Toren des Vatikans. Die streng limitierte Auflage von 670 000 Stück war innerhalb weniger Tage vergriffen. Etwa die Hälfte der Münzen, die von dem italienischen Künstler Guido Veroi entworfen wurden, gelangte sofort in das Vatikanische Amt für Numismatik.

Briefmarken

Ende November 1851 wurden im Kirchenstaat Briefmarken eingeführt. Dazu druckte die Apostolische Kammer Anfang des folgenden Jahres den ersten Satz päpstlicher Briefmarken mit neun Werten. Die Marken zeichneten sich noch bis in die siebziger Jahre des 20. Jahrhunderts durch große Schlichtheit aus: Der erste Satz variierte nur in der Grundfarbe, zeigte ansonsten überall die gekreuzten Schlüssel unter der Tiara. Durch das Ende der weltlichen Herrschaft der Päpste verloren diese Postwertzeichen 1870 ihre Gültigkeit und wurden aus dem Verkehr gezogen. In den Lateranverträgen verpflichtete sich Italien, die postalischen Dienste des Vatikans mit zu betreuen, was vor allem für die in den Vatikan einlaufende Post gilt. Wirklich wichtige Korrespondenz vertraut der Heilige Stuhl ohnehin dem Kurier der Diplomatenpost an. Es ist heute bei Römern und Touristen verbreitet, Briefe und Postkarten der Vatikanpost zu übergeben, da diese die Sendungen in der Regel schneller weiterleitet als die italienische. Die Beförderungsdauer ist allerdings nicht kalkulierbar; sie kann zwischen dem Vatikan und Deutschland zwei Tage bis eine Woche betragen.

Der erste Satz Briefmarken des neugeschaffenen Vatikanstaates, die sogenannte Serie der Versöhnung, kam Anfang August 1929 heraus. Mit dem typisch römischen Sinn fürs Praktische gab man 1931 keine eigenen ergänzenden Wertzeichen heraus, etwa für Strafporto oder Päckchen, sondern versah die Versöh-

10-Lire-Sedisvakanz-Briefmarke
nach dem Tod von Johannes XXIII. (1963)

nungsserie mit einem schlichten Aufdruck. Die ersten Sonder
briefmarken erschienen zum außerordentlichen Heiligen Jahr
1933 und erreichten eine Auflage von einer Million Exempla-
ren. Sie wurden nicht wie die übrigen Vatikanbriefmarken im
italienischen Staat gedruckt, sondern in Paris. Vor allem in den
letzten Jahren stieg der Absatz der sehr qualitätvollen päpstlichen Sondermarken, die mittlerweile eine nicht unbedeutende
Einnahmequelle bilden. Sowohl für jedes Pontifikat als auch für
die Sedisvakanzen kommen eigene Briefmarken heraus, abgesehen von Johannes Paul I., dessen Pontifikat nur 33 Tage dauerte. Das Amt für Briefmarken und Münzen im Vatikan sorgt
sowohl für den Entwurf und die Produktion der Wertzeichen als
auch für die Vermarktung. So ist seit einiger Zeit auch der Be-
zug von vatikanischen Marken auf dem Postweg möglich.

Der Rosenkranz

Wer je an der Sieben-Uhr-Frühmesse des Papstes im Apostolischen Palast teilgenommen hat, wird sich erinnern, daß nach
dem Empfang in der spärlich eingerichteten Privatbibliothek
einem jeden Teilnehmer ein Rosenkranz mit dem Wappen Johannes Pauls II. überreicht wird. Steht man am Ende des Defi-
lees, hat man die Chance, gleich zwei Päckchen vom Papst herz-
haft in die Hand gedrückt zu bekommen, falls das silberne
Tablett, das Seiner Heiligkeit hinterhergetragen wird, einen entsprechenden Überschuß abwirft. Bei der Überreichung dieses
Gastgeschenks wird kein Unterschied gemacht: Auch Bischöfe
erhalten diese fromme Erinnerungsgabe. Dieser päpstliche Ge-
stus offenbart die typisch polnische Frömmigkeit des Papstes,
die ganz auf die Marienverehrung zugeschnitten ist. Nicht zuletzt schrieb Johannes Paul II. seine rasche Genesung nach dem
Attentat vom Mai 1981 der Muttergottes zu und deutete das
bisher streng gehütete, dritte Geheimnis von Fatima entsprechend. Viele Bischöfe und Kardinäle haben ihre Ernennung
ihrer ausgeprägten marianischen Frömmigkeit zu verdanken.
   Wie zentral das Rosenkranzgebet geworden ist, verdeutlicht
auch seine publizistische und institutionelle Aufwertung. Jüngst

bezeichnete es der Papst als Kurzfassung der gesamten Frohen Botschaft, als Gebetsschule, als Weg der Heiligung, ja als ideale Antwort auf die Bedürfnisse unserer Zeit. Jeden ersten Samstagabend im Monat hatten bis vor einigen Jahren alle Besucher die Gelegenheit, über der Vorhalle von St. Peter gemeinsam mit dem Papst in einer Übertragung von *Radio Vaticana* den Rosenkranz zu beten. Das marianische Gebet ist Johannes Paul II. so wichtig, daß er für 2003 (Okt. 2002–Okt. 2003) ein Jahr des Rosenkranzgebets ausgerufen hat. Außerdem brach er mit einer 450jährigen Tradition, die das Beten der Perlschnur in drei sogenannte Geheimnisse einteilte (den freudenreichen, schmerzhaften und glorreichen Rosenkranz), und fügte im Herbst 2002 den lichtreichen hinzu, der vor allem das Wirken Jesu in den Mittelpunkt der Betrachtung stellt.

Literaturhinweise

Annuario Pontificio per l'anno 2003, Vatikanstadt 2003.

Benz, Hartmut: Finanzen und Finanzpolitik des Heiligen Stuhls. Römische Kurie und Vatikanstaat seit Papst Paul VI., Stuttgart 1993.

Boberski, Heiner: Der nächste Papst. Die geheimnisvolle Welt des Konklaves, Salzburg ²2001.

Del Re, Niccolò: La Curia Romana. Lineamenti storico-giuridici, Vatikanstadt ⁴1998.

Ders. (Hg.): Vatikanlexikon. Deutsche Bearbeitung: Elmar Bordfeld, Augsburg 1998.

Dorn, Luitpold A.: Der Papst und die Kurie. Wie eine Weltkirche regiert wird, Freiburg i. Br. 1989.

Fagiolo dell'Arco, Maurizio (Hg.): Der Vatikan. Goldene Jahrhunderte der Kunst und Architektur, Freiburg i. Br. 1983.

Gallina, Ernesto: Il Vaticano è di tutti. Straordinari riconoscimenti internazionali della Città del Vaticano e dei Beni extraterritoriali, Vatikanstadt 1991.

Goertz, Hajo: Vatikan: Bilanzen im Schatten, in: Deutsches Allgemeines Sonntagsblatt, Nr. 44, 15. Oktober 1999.

Hebblethwaite, Peter: Wie regiert der Papst, Zürich/Köln 1987.

Hieronymus: Vatikan intern, Stuttgart 1973.

Houtard, François: Bilanz eines Pontifikats: Johannes Paul II. als Restaurator der Weltkirche, in: Le Monde diplomatique, 14. Juni 2002.

Hülsebusch, Bernhard: Vatikan von innen. Ein Rundgang durch die Stadt des Papstes, Graz u. a. 1997.

I Millenari: Wir klagen an. Zwanzig römische Prälaten über die dunklen Seiten des Vatikans, Berlin ²2001.

Melloni, Alberto: Das Konklave. Die Papstwahl in Geschichte und Gegenwart, Freiburg i. Br. 2002.

Pietrangeli, Carlo: I Musei Vaticani. Cinque secoli di storia, Rom 1985.

Redig de Campos, Deoclecio: I Palazzi Vaticani, Bologna 1967.

Reese, Thomas J.: Im Inneren des Vatikan. Politik und Organisation der katholischen Kirche, Frankfurt a. M. 2000.

Riccardi, Andrea: Le Politiche della Chiesa, Turin 1997.

Sommer, Norbert: Fliegender Fels. Der Reise-Papst Johannes Paul II., Berlin 2003.

Weigel, George: Zeuge der Hoffnung. Johannes Paul II. Eine Biographie, Paderborn u. a. 2002.

Il Vaticano e Roma cristiana, Vatikanstadt 1975.

Personenregister

———————— Staatsgebiet der Vatikanstadt

·············· exterritoriales Gebiet der Vatikanstadt